اتجاهات استراتيجية (12)

فبراير 2022

الآراء الواردة في هذه الدراسة لا تعبر بالضرورة
عن مركز تريندز للبحوث والاستشارات

مركز تريندز للبحوث والاستشارات

يُعـد مركـز تريندـز للبحـوث والاستشـارات مؤسسـة بحثيـة مسـتقلة تأسـس عـام 2014، ويهتم باستشـراف المسـتقبل في جوانبه الاستراتيجية والسياسية والاقتصادية، وتتبع القضايا العالمية المختلفة. كما يهدف المركز إلى تحليل الفرص والتحديات على مختلف الصعد الجيوسياسية الراهنة، ومـا تحملـه مـن متغيـرات محتملـة، مـع محاولـة إيجـاد إجابات وتفسـيرات علمية وموضوعية من شـأنها المسـاهمة في التأثير في اتجاهات الأحداث مع مراعاة نواحي التحليل والنقد والاستشراف.

ويقدم المركز من أجل تحقيق غاياته العلمية، دراسـات رصـينة ذات أبعاد استشـرافية مسـتقبلية، ويطرح أفضل البدائل الممكنة لمسـاعدة صنّاع القرار في معرفة التطورات الإقليمية والدولية بشـكل أعمق، والاسـتفادة مما توفره من فرص. كما يقوم المركز برصد الاتجاهات والتغييرات الاستراتيجية والاقتصـادية والإقليميـة والدوليـة، بشـكل أعمـق، والاسـتفادة ممـا توفـره مـن فرص، والتنبؤ بآثارها المسـتقبلية، وذلك وفق الضوابط العلمية المتعارف عليها دولياً لدى أعرق مراكز التفكير والبحث العلمي.

المحتويات

ملخص تنفيذي

بالرغم من كثرة الجهود والمحاولات التي بذلتها الأمم المتحدة إلى جانب أطراف إقليمية ودولية أخرى، من أجل وقف الحرب وتحقيق السلام في اليمن؛ فإنها لم تسفر عن أية نتائج ملموسة حتى الآن. فتعنُّت الحوثيين ورفضهم جهود ومبادرات التسوية السياسية من أهم أسباب استمرار الحرب، إذ يسعون إلى تحقيق أهداف عدة غير عابئين بقرارات الشرعية الدولية، والتداعيات الكارثية للحرب على الشعب اليمني، إضافةً إلى سمعتهم على المستوى الدولي. وبرغم أن الحرب تكاد تنهي عامها السابع؛ فإنها لا تظهر أي احتمالات تشير إلى تسوية سياسية شاملة خلال المستقبل المنظور.

والهدف من هذه الدراسة هو رصد أهم العوامل التي مكنت الحوثيين من الاستمرار في الحرب وتحليلها، وأسباب عرقلتهم جهود السلام. كما تسعى إلى استشراف مآلات الحرب في ضوء المستجدات والتوازنات الراهنة على الصعيدين العسكري والسياسي، وتحليل انعكاسات ذلك على مستقبل الدولة اليمنية، ولاسيما أنها باتت من الناحية العملية مقسمة إلى مناطق عدة واقعة تحت سيطرة كلٍّ من حكومة الرئيس هادي والحوثيين وكيانات مسلحة أخرى.

وتتمثل أهم أسباب رفض الحوثيين للسلام في محاولتهم فرض الأمر الواقع، وتجاهل المرجعيات المطروحة لتحقيق السلام، بما في ذلك قرارات مجلس الأمن، وتنامي قدراتهم العسكرية بدعم من إيران وحزب الله اللبناني؛

الأمر الذي مكنهم من الاستمرار في الحرب وتعويض بعض خسائرهم. يُضاف إلى ذلك ارتباط الحرب في اليمن في جانب منها، بالأجندة الإقليمية والدولية لإيران، وتمدد شبكة المنتفعين من تنامي اقتصاد الحرب في اليمن، وفشل الأمم المتحدة والمجتمع الدولي عموماً في التعامل مع الأزمة اليمنية.

وفي حال عدم التوصل إلى تسوية سياسية شاملة للأزمة اليمنية، فإن وضعية الانقسام أو الصوملة ستترسخ، بحيث تستمر الدولة اليمنية بوصفها حالة نموذجية للدولة المتصدعة التي تعاني غياب السلطة المركزية، والصراعات الممتدة، والتدخلات الخارجية، وانعدام الأمن والاستقرار والتنمية. وفي ظل هذا الوضع سيكون مستقبل اليمن خلال الأجلين القصير والمتوسط على الأقل أسوأ بكثير من ماضيه الحافل بالانقلابات العسكرية، والحروب الأهلية، والاغتيالات السياسية، وتفشي الفساد والفقر، وهشاشة الدولة.

ونظراً إلى أن وجود دولة يمنية متصدعة في المنطقة يمثل تهديداً للأمن والاستقرار على الصعيدين الإقليمي والدولي، وبخاصة فيما يتعلق بأمن الممرات البحرية وإمدادات الطاقة، فإنه من المهم تفعيل الجهود الإقليمية والدولية لإنهاء الحرب وخلق ظروف ملائمة من أجل التوصل إلى تسوية سياسية، ليس بالضرورة أن تكون مثالية، بل المهم أن تلبي بعض مطالب الأطراف اليمنية الرئيسية المنخرطة في الصراع، وإلا فالبديل هو استمرار حالة الحرب بأشكال مختلفة، وعلى مستويات متعددة، الأمر الذي ستكون له تداعيات سلبية ليس على الصعيد اليمني فحسب، بل على الصعيدين الإقليمي والدولي أيضاً. فهل من الممكن إنضاج شروط ومتطلبات تسوية سياسية شاملة في اليمن؟ هذا هو التحدي الحقيقي.

مقدمة

على الـرغم مـن كثـرة الجهـود والمحـاولات التـي بـذلتها الأمـم المتحـدة وأطراف إقليمية ودولية أخرى من أجل وقف الحرب، وإطلاق مفاوضات تفضي إلى تسوية سياسية شاملة في اليمن، فإنها لم تسفر عن أية نتائج ملموسة حتى الآن (مطلع يناير 2022). ويُعد تعنت الحوثيين (جماعـة أنصار الله) ورفضـهم جهود التسوية السياسية ومبادراتها من أهم أسباب استمرار الحرب، حيث إن لـديهم أهـدافاً يسـعون إلى تحقيقها غيـر عابئين بقرارات الشـرعية الدوليـة، ولا بالتداعيات الكارثية للحرب على الشعب اليمني، ولا بسـمعتهم على المسـتوى الدولي. ورغـم أن الحرب تكاد تنهي عامها السـابع، فإنه لا تبدو هناك احتمالات لتسوية سياسية شاملة خلال المستقبل المنظور.

وفي ضوء ما سبق، فإن الهدف من هذه الدراسـة هو رصد وتحليل أهم العوامل التي تدفع الحوثيين إلى الاستمرار في الحرب وأسباب عرقلتهم جهود ومحاولات السـلام، بـرغم كثرة الخسـائر التي لحقت بهم على جبهات القتـال، وبخاصة خلال الآونة الأخيرة. كما تسعى الدراسة إلى استشراف مآلات الحرب في ضــوء المســتجدات والتوازنــات الراهنــة علـى الصــعيدين العسـكري والسـياسـي، وتحليل انعكاسات ذلك على مستقبل الدولة اليمنية[1].

---

1. لمزيد من التفاصيل، انظر:

John R. Allen and Bruce Riedel, "Ending the Yemen War Is Both a Strategic and Humanitarian Imperative," *Brookings*, November 16, 2020. https://www.brookings.edu/blog/order-from-chaos/2020/11/16/ending-the-yemen-war-is-both-a-strategic-and-humanitarian-imperative; United Nations, World Food Program, "Yemen: The World's Worst Humanitarian Crisis,". https://www.wfp.org/yemen-crisis

وتنطلق الدراسة في مقاربتها للموضوع من ثلاث أطروحات رئيسية:

أولاها، أن كثرة العوامل الداخلية والخارجية التي تغذي استمرار الحرب وتعوّق جهود تحقيق السلام في اليمن، وفي مقدمتها التعنت الحوثي، تجعل هذه الحرب مرشحة لكي تتحول إلى صراع ممتد، يتأرجح صعوداً وهبوطاً، وتتداخل فيه عوامل عديدة، طائفية وقبلية ومناطقية وسياسية، فضلاً عن استمرار تدخلات بعض القوى الإقليمية والدولية. ومن هذا المنطلق، فإن التوصل إلى تفاهمات أو تسويات جزئية لا يعني انتهاء الحرب؛ وذلك بسبب تشعب قضاياها وتعدد الأطراف اليمنية المنخرطة فيها، مع وجود تباينات كبيرة فيما بينها من حيث الأهداف والأجندات والارتباطات الخارجية.

وثانيتها، أنه بدون التوصل إلى تسوية سياسية شاملة، ليس بالضرورة أن تكون مثالية، بل المهم أن تشمل جميع الأطراف اليمنية المؤثرة، وتعالج مختلف قضايا الصراع ولو بشكل تدريجي، وتحظى بنوع من الدعم الإقليمي والدولي، فإنه سوف يكون من الصعب استعادة وحدة الدولة اليمنية. والأرجح في ظل هذا السيناريو هو أن تترسخ حالة الصوملة في اليمن، بكل ما يترتب على ذلك من تداعيات كارثية، ليس على الصعيد اليمني فحسب، بل على الصعيدين الإقليمي والدولي أيضاً، وبخاصة في ظل الأهمية الاستراتيجية التي تمثلها الدولة اليمنية.

وثالثتها، أنه على الرغم من وجود قناعة لدى كثير من الأطراف الإقليمية والدولية، بما في ذلك تحالف دعم الشرعية في اليمن بقيادة المملكة العربية السعودية، مفادها أن الحل المستدام للأزمة اليمنية لابد أن

يكون سياسياً، فإن التحدي الحقيقي يتمثل في كيفية إنضاج شروط تحقيق هذا الحل ومتطلباته، في ظل إصرار الحوثيين على الاستمرار في الحرب، وقيامهم بعرقلة جهود ومحاولات تحقيق السلام. وبدون حدوث تغيير دراماتيكي على جبهات القتال، أو ممارسة ضغوط إقليمية ودولية مكثفة ومنسقة على الحوثيين، فقد يكون من الصعب تهيئة الظروف لتحقيق مثل هذا الحل.

وتستند الدراسة إلى عدة مفاهيم ومداخل نظرية تمثل إطاراً لها؛ وهي: مفهوم الفاعلين المسلحين من غير الدول. فباستثناء الجيش اليمني وحكومة الرئيس هادي المعترف بها دولياً، فإن جميع الأطراف الأخرى المنخرطة في الحرب هم من الفاعلين المسلحين من غير الدول. وقد تمكن أحد هؤلاء الفاعلين وهو المتمثل في الحوثيين من احتلال العاصمة صنعاء والسيطرة على السلطة[2]. وهناك أيضاً مفهوم الدولة المتصدعة، حيث باتت الدولة اليمنية تُصنف ضمن هذا النوع من الدول، وبخاصة في ظل غياب سلطة مركزية موحدة، وتقاسم السيطرة على إقليم الدولة بين عدة قوى عسكرية وسياسية، وتفكك أجهزة الدولة ومؤسساتها، ومن ثم عجزها عن القيام بوظائفها[3].

---

2. لمزيد من التفاصيل، انظر:

International Crisis Group, "The Huthis: From Saada to Sanaa," *Middle East Report*, No. 154, June 2014; International Crisis Group, "Rethinking Peace in Yemen," *Middle East Report*, No. 216, 2 July 2020.

3. لمزيد من التفاصيل، انظر:

Helen Lackner, *Yemen in Crisis: Autocracy, Neo-liberalism and the Disintegration of a State* (London: Saqi Books, 2017)

وبالإضافة إلى ما سبق، توظف الدراسة مدخل "علاقات الراعي - الوكيل" sponsor-proxy relations في تحليل العلاقة بين إيران والحوثيين في اليمن. وقد تم تطوير هذا المدخل في ظل تصاعد ظاهرة التدخلات الخارجية والحروب بالوكالة وبخاصة خلال العقدين الأخيرين. ونظراً لأن إيران طرف رئيسي في ظاهرة المواجهات والحروب بالوكالة التي تشهدها المنطقة العربية، كما هو الحال في كلٍّ من اليمن والعراق ولبنان وسوريا، فإن الدراسة سوف تستفيد من هذا المدخل في تحليل وتقييم الأهداف التي سعت - وتسعى - إيران إلى تحقيقها من وراء دعم الحوثيين في اليمن، وأشكال الدعم الذي قدمته لهم، وأهداف الحوثيين من وراء الارتباط بإيران والدوران في فلكها، والأدوار التي قاموا - أو يمكن أن يقوموا بها - على النحو الذي يخدم أهداف إيران ومصالحها، ومقومات استمرار العلاقة بين الجانبين.[4]

وفي ضوء ما سبق، تغطي الدراسة النقاط التالية:

- أولاً: محاولات التسوية السياسية في اليمن خلال عام 2021 وموقف الحوثيين منها.

---

4. لمزيد من التفاصيل، انظر:

Trevor Johnston et al., *Could the Houthis Be the Next Hizballah? Iranian Proxy Development in Yemen and the Future of the Houthi Movement* (Santa Monica, Calif.: RAND Corporation, 2020); Navin A. Barat, "Understanding State Sponsorship of Militant Groups," *British Journal of Political Science*, Vol. 42, No.1 (2011), pp. 1-29; Ofira Seliktar and Farhad Rezaei, *Iran, Revolution, and Proxy Wars* (London: Palgrave Macmillan Press, 2020); Ginny Hill, *Yemen Endures: Civil War, Saudi Adventurism and the Future of Arabia* (New York: Oxford University Press, 2017).

- ثانياً: الحوثيون والاستمرار في الحرب.. الدوافع والحسابات.

- ثالثاً: مـآلات الحـرب ومسـتقبل الدولـة اليمنيـة.. بـين صعوبات إعـادة التوحيد ومخاطر التصدّع.

- خاتمة

وتعرض الدراسة لكل من النقاط السابقة بشيء من التفصيل.

أولاً: محـاولات التسـوية السياسـية في الـيمن خـلال عـام 2021 وموقف الحوثيين منها

استمرت خلال عام 2021 جهود الأمم المتحدة الرامية إلى إعادة إطلاق عملية التسـوية السياسـية في اليمن، والتي تعـاني الجمـود والتعثر منـذ عـام 2016 تقريباً. وقد تم ذلك من خلال جهود المبعوث الأممي السابق إلى اليمن البريطاني مارتـن غريفيث، والـذي انتهت مهمته في منتصف عـام 2021 إثر تعيينه وكيلاً للأمين العام للأمم المتحدة للشؤون الإنسانية ومنسقاً للإغاثة في حالات الطوارئ، وقد خلفه في هذا المنصب السويدي هانز جروندبرغ. ومن الثابت أن غريفيث فشـل في تحقيـق أي اختـراق بشـأن التسـوية السياسـية، حيث لـم يتمكـن مـن إقنـاع الأطراف اليمنيـة المتحاربـة، ولاسـيما الحـوثيين، بالانخراط في مفاوضات سياسية جادة استناداً إلى الخطة التي طرحها لتحقيق السلام، والتي قامت على أربع نقاط؛ هي: وقف القتال على جميع الجبهات، وفتح مطار صنعاء، وضمان تدفّق الوقود والسلع الأخرى إلى اليمن من خلال مـوانئ الحديـدة، واسـتئناف العمليـة السياسـية مـن خـلال انخـراط الأطراف

اليمنية في مفاوضات بناءة دون شروط مسبقة. وعلى خلفية ذلك، فقد صرح المبعوث الأممي الجديد إلى اليمن، هانز جروندبرغ، في أكثر من مناسبة، منها زيارته الأولى إلى اليمن في أكتوبر 2021، بأنه يعمل من أجل ما أسماه بـ "تغيير المسار"، موضحاً أن ذلك يستند بالأساس إلى تبني مقاربة لتسوية سياسية شاملة تعالج مختلف قضايا الصراع دون تجزئة، وتضم جميع الأطراف اليمنية المعنية، بحيث لا تقتصر المفاوضات على الحوثيين وحكومة الرئيس هادي، فضلاً عن تعبئة الجهود الإقليمية والدولية لدعم هذا التوجه. وحتى الآن (مطلع يناير 2022) لم يبلور المبعوث الأممي الجديد خطة محددة لتحقيق السلام في اليمن، وكل ما طرحه هو مجرد أفكار ووجهات نظر[5].

كما شهد عام 2021، تحولاً ملحوظاً في السياسة الأمريكية تجاه الحرب في اليمن. وقد تمثل أحد أبعاد هذا التحول في قيام الرئيس بايدن بتعيين الدبلوماسي المخضرم تيموثي ليندركينغ، الذي شغل منصب نائب مساعد وزير الخارجية سابقاً، مبعوثاً خاصاً إلى اليمن للمساعدة في التوصل إلى حل سياسي شامل للأزمة اليمنية. وبالفعل زار ليندركينغ اليمن ودولاً أخرى في

---

5. لمزيـد مـن التفاصـيل، انظـر: الـيمن في انتظـار خطـة السـلام الأمميـة، **جريـدة البيـان الإماراتيـة**، 15/12/2021. متـاح على الـرابط التـالي: -12-2021/https://www.albayan.ae/world/arab 15-1.4324606؛ مركز الإمارات للسياسات، "نهج المبعوث الأممي الجديد إلى اليمن وخياراته،" **قضايا متخصصة**، 21/9/2021. متاح على الرابط التالي:

https://epc.ae/details/featured/nhj-almabeuth-alumamii-aljadid-iilaa-alyaman-wakhiaratih

المنطقة عدة مرات؛ سعياً وراء تحقيق هذا الهدف[6]، وبصفة عامة لم تسفر الجهود الأممية والأمريكية على مدار العام عن أية نتائج إيجابية ملموسة، حيث لم يتجاوب الحوثيون مع هذه الجهود، ولا تزال آلة الحرب مستمرة، بل ومتصاعدة من حيث درجة حدتها.

ولكن التطور الأبرز بخصوص محاولات التسوية السياسية في اليمن خلال عام 2021 تمثل في مبادرة السلام التي أطلقتها المملكة العربية السعودية في 22 مارس 2021. وهذا يعكس رغبتها في إنهاء الحرب، وتحقيق السلام والاستقرار في اليمن، وخاصة أن ذلك سوف تكون له انعكاساته ليس على الصعيد اليمني فحسب، بل على الصعيدين الإقليمي والدولي أيضاً.

وتتمثل أهم بنود مبادرة السلام السعودية في: "وقف إطلاق نار شامل تحت مراقبة الأمم المتحدة، وإيداع الضرائب والإيرادات الجمركية لسفن المشتقات النفطية من ميناء الحديدة في الحساب المشترك بالبنك المركزي

---

6. لمزيد من التفاصيل، انظر: معاذ العمري،" أربعة إجراءات حددت نهج بايدن في اليمن خلال مائة يوم،" **جريدة الشرق الأوسط اللندنية**، 2021/4/29.

Stephen W. Day, "America's Role in the Yemen Crisis," in: Stephen W. Day and Noel Brehony (eds.), *Global, Regional, and Local Dynamics in the Yemen Crisis* (London: Palgrave Macmillan, 2020), Chapter 4; Sultan Al-Amer," Biden and the War in Yemen: The Larger Context of the Shifts in the American Position," *Sada: Middle East Analysis*, Carnegie Endowment for International Peace, April 14, 2021; Emirates Policy Center, "Biden Administration and Yemen: Orientations and Implications for the Conflict Parties and Political Solution Path," *Brief*, 17 February, 202; Robert Malley and Stephen Pomper, "Accomplice to Carnage: How America Enables War in Yemen," *Foreign Affairs*, March/April 2021. https://fam.ag/343lhCo

اليمني بالحديدة، وفق اتفاق ستوكهولم بشأن الحديدة، وفتح مطار صنعاء الدولي لعدد من الرحلات المباشرة الإقليمية والدولية، وبدء المشاورات بين الأطراف اليمنية للتوصل إلى حل سياسي للأزمة اليمنية، برعاية الأمم المتحدة، بناء على مرجعيات قرار مجلس الأمن الدولي رقم 2216، والمبادرة الخليجية وآليتها التنفيذية، ومخرجات الحوار الوطني اليمني الشامل"[7]. وعلى الرغم من التأييد الواسع الذي حظيت به هذه المبادرة على الصعيدين الإقليمي والدولي، إلا أنها قُوبلت بالرفض من جانب الحوثيين، حيث اعتبروها لا تتضمن جديداً، وموجهة للاستهلاك الإعلامي، ولا تلبي مطالبهم بشأن رفع كامل للحصار عن مطار صنعاء وميناء الحديدة الخاضعيْن لسيطرتهم[8].

وبدلاً من أن يتجاوب الحوثيون مع المبادرة السعودية والجهود الدولية المبذولة لإنهاء الحرب وتحقيق السلام في اليمن، صعَّدوا من هجومهم العسكري على محافظة مأرب بشكل غير مسبوق من عدة جبهات، وذلك

---

7.   لمزيد من التفاصيل، انظر:

Full text of Saudi Arabia's New Peace Initiative to End Yemen War, *Alarabiya News*, 22 March 2021. https://english.alarabiya.net/News/gulf/2021/03/23/Full-text-of-Saudi-Arabia-s-new-peace-initiative-to-end-Yemen-war; Samir Salama, "Arab, international support for Saudi Arabia's Yemen peace initiative," *Gulf News*, March23,   2021. https://gulfnews.com/world/gulf/yemen/arab-international-support-for-saudi-arabias-yemen-peace-initiative-1.78028255#

8.   لمزيد من التفاصيل، انظر: أول رد من الحوثيين على مبادرة السعودية لإنهاء حرب اليمن،*RT*، 2021/3/22. متاح على الرابط التالي: https://arabic.rt.com/middle_east/1214038؛ لماذا رفض الحوثيون العرض السعودي لوقف إطلاق النار؟ *BBC News* عربي، 2021/3/23. متاح على الرابط التالي: https://www.bbc.com/arabic/interactivity-56504701

بهدف السيطرة عليها قبل الدخول في أي مفاوضات سلام. وتقوم حسابات الحوثيين على أساس أن السيطرة على هذه المحافظة الغنية بالنفط والغاز، وذات الموقع الاستراتيجي المهم، والتي تمثل آخر معاقل حكومة الرئيس هادي في شمال اليمن، سوف تمكنهم من فرض شروطهم في أي مفاوضات سياسية، وتهميش دور حكومة الرئيس هادي إن لم يكن إنهاء هذا الدور. ولذلك فهم يعتبرون أن السيطرة على مأرب ستكون بمثابة علامة فارقة ونقطة تحول في مسار الحرب. ومن ناحية أخرى، صعّد الحوثيون من هجماتهم بالصواريخ الباليستية والطائرات المسيرة المفخخة ضد أهداف مدنية داخل المملكة العربية السعودية. كما استمر الحوثيون في عرقلة وصول خبراء الأمم المتحدة لمعاينة ناقلة النفط "صافر" المتهالكة والعائمة قبالة ساحل الحديدة، وذلك حتى يتسنى اتخاذ قرار بشأن إصلاحها أو إفراغ محتوياتها، وخاصة أنها قد تنفجر في أية لحظة؛ مسببة كارثة بيئية[9].

ومقابل التصعيد العسكري من جانب الحوثيين تجاه مأرب والمملكة العربية السعودية، اتجه تحالف دعم الشرعية في اليمن بقيادة المملكة العربية السعودية خلال الآونة الأخيرة إلى تغيير استراتيجيته بشأن مواجهة الحوثيين، وقد استند هذا التغيير في جانب مهم منه إلى تكثيف الهجمات العسكرية ضد

9. لمزيد من التفاصيل، انظر:

Mutahar Alsofari, "The Battle for Ma'rib: Insights and Outlook," *Sada: Middle East Analysis*, Carnegie Endowment for International Peace, May 21, 2021. https://carnegieendowment.org/sada/84588; James Reinl, "UN 'disappointed' as Houthi's delay oil tanker rescue," *The National*, June 4, 2021. https://www.thenationalnews.com/gulf-news/un-disappointed-as-houthis-delay-oil-tanker-rescue-1.1234312

بنية التصنيع العسكري للحوثيين. وحسب بيانات التحالف، فقد شمل ذلك أهدافاً عسكرية حيوية في كل من صنعاء ومأرب وصعدة وغيرها. ومن هذه الأهداف على سبيل المثال: ورش لتجميع الصواريخ الباليستية والطائرات المسيرة، ومنصات لإطلاق الصواريخ البالستية تحت الأرض، ومعسكرات تدريب، ومخازن أسلحة وتموين، ومراكز قيادة وسيطرة، ومواقع سرية لخبراء الحرس الثوري الإيراني وحزب الله اللبناني. وقد طالت بعض الهجمات مواقع مرتبطة بمطار صنعاء ودار الرئاسة وغيرها من المواقع المهمة.

وفي هذا الإطار، أكد تحالف دعم الشرعية في اليمن أن مطار صنعاء قد تحول إلى قاعدة عسكرية لخبراء الحرس الثوري الإيراني وحزب الله اللبناني، مشيراً إلى أن الحوثيين يستخدمون مواقع ذات حصانة قانونية لتنفيذ هجمات عابرة للحدود. وعلى خلفية ذلك، اتخذ التحالف الإجراءات القانونية لإسقاط الحماية عن بعض المواقع داخل مطار صنعاء وفق القانون الدولي الإنساني وقواعده العرفية، وتم بعد ذلك قصف أهداف عسكرية مشروعة داخل هذه المواقع. ومن ناحية أخرى، عزز تحالف دعم الشرعية في اليمن من دعمه للجيش اليمني والمقاومة الشعبية في مأرب لإفشال مخططات الحوثيين في السيطرة على المحافظة.[10]

---

10. لمزيد من التفاصيل، انظر: "التحالف" ينفّذ ضربات جوية دقيقة لأهداف عسكرية في صنعاء وصعدة، **جريدة الشرق الأوسط اللندنية**، 2021/12/2؛ "التحالف": مطار صنعاء قاعدة عسكرية لخبراء "الحرس الثوري" و"حزب الله" الإرهابي، **جريدة الشرق الأوسط اللندنية**، 2021/11/28؛ عبد الهادي حبتور، "التحالف يستهدف "الحرس" الإيراني في صنعاء،" **جريدة الشرق الأوسط اللندنية**، 2021/12/1؛ "التحالف" ينفّذ ضربات لأهداف عسكرية مشروعة في مطار صنعاء، **جريدة الشرق الأوسط اللندنية**، 2021/12/20.

ثانياً: الحوثيون والاستمرار في الحرب.. الدوافع والحسابات

هنـاك مجموعـة مـن الأسـباب المتداخلـة التـي دفعـت - وتـدفع -
الحوثيين للاستمرار في الحرب؛ من أبرزها: رغبتهم في فرض الأمر الواقع؛ ما
يعني احتفاظهم بالمكاسب التي حققوها كحد أدنى. كما أن تنامي القدرات
العسكرية للحوثيين عزز من قدرتهم على الاستمرار في الحرب. وقد تحقق
لهم ذلك بسبب الدعم الذي حصلوا عليه من جانب كلٍّ من إيران وحزب
الله اللبناني. يُضاف إلى ذلك عوامل أخرى مثل تعدد أطراف الصـراع في
اليمن مع اختلاف أجنداتها ومصالحها، وتمدد ظاهرة اقتصاد الحرب في اليمن
وكثرة المنتفعين منها، فضلاً عـن فشـل الأمـم المتحـدة والمجتمـع الدولي
عموماً في التعامل مع الأزمة اليمنية[11].

- **محاولة فـرض الأمـر الواقـع وتجاهـل المرجعيـات المطروحة لتحقيـق
  للسلام**

يسيطر الحوثيون حالياً على جميع محافظات ما كان يُعرف قبل عام
1990 بـاليمن الشـمالي، باسـتثناء محافظـة مـأرب المتنـازع عليهـا، والتـي

---

11. لمزيد من التفاصيل، انظر:

Ahmed Nagi, "Lords of War," *DIWAN: Middle East Insights from Carnegie*, Malcolm
H. Keer: Carnegie Middle East Center, February 16, 2021; International Crisis Group,
"Rethinking Peace in Yemen," op. cit.; Hassanein Ali, "War without End: Why Are Peace
Efforts Faltering in Yemen," *Asian Affairs*, 2021. https://www.tandfonline.com/
doi/abs/10.1080/03068374.2021.1993665?journalCode=raaf20

يخوضـون صـراعاً حـاداً منـذ أكثـر مـن 18 شـهراً مـن أجـل السـيطرة عليهـا، وبخاصـة في ظـل مزايـاها الاقتصـادية والاسـتراتيجية، فضـلاً عـن كونهـا آخـر معقل لحكومة هادي في شمال اليمن على نحو ما سبق ذكره. ونظراً لذلك، فقد تجاهل الحوثيون دعوات السلام، وتمسكوا بخيار الاستمرار في الحرب حتى يصلوا إلى النقطة التي تمكنهم من فرض الأمر الواقع، بحيث يضمنون على الأقـل اسـتمرار سـيطرتهم علـى شـمال اليـمن، أو أن يكونـوا الطـرف المهيمن في أي ترتيبات لتقاسم السلطة، وذلك على غرار وضعية حزب الله في لبنان، حيث يشكل دولة فوق الدولة.

ومن المعروف أن الحكومة اليمنية وتحالف دعم الشرعية في اليمن يؤكـدان دومـاً علـى ثـلاث مرجعيـات كأسـاس لأيـة تسـوية سياسـية؛ هـي: المبـادرة الخليجيـة وآليتهـا التنفيذيـة، ومخرجـات الحـوار الـوطني اليمنـي، وقرارات مجلس الأمن وبخاصة القرار رقم 2216 الصادر في 14 إبريل 2015. ويطالب هذا القرار الحوثيين باتخاذ جملة من الإجراءات الفورية دون قيد أو شـرط، مثل: الكف عن استخدام العنف، وسحب قواتهم من جميع المناطق التـي اسـتولوا عليهـا، بمـا في ذلـك العاصـمة صنعـاء، والتخلـي عـن جميـع الأسـلحة الإضافية التي استولوا عليها من المؤسسات العسكرية والأمنية، والتوقـف عـن جميـع الأعمـال التـي تنـدرج ضمـن نطـاق سـلطة الحكومـة الشرعية في اليمن، فضلاً عن الامتناع عن الإتيان بأي استفزازات أو تهديدات ضـد الدول المجاورة، وإنهاء تجنيد الأطفـال واستخدامهم، وتسـريح جميع الأطفال المجندين في صفوفهم. كما دعا القرار كلّ الأطراف اليمنية، ولاسيما

الحـوثيين، إلى الالتـزام بمبـادرة مجلـس التعـاون الخليجـي وآليـة تنفيـذها، وبنتائج مؤتمر الحوار الوطني الشامل، وقرارات مجلس الأمن ذات الصلة، واسـتئناف وتسـريع المفاوضـات الشـاملة لجميـع الأطـراف التـي تجـري بوساطة من الأمم المتحدة، والتي تتناول أموراً من بينها المسائل المتعلقة بالحكم، وذلك من أجل مواصلة عملية الانتقال السياسي بهدف التوصّل إلى حلٍّ توافقي[12].

ويـرفض الحوثيـون المرجعيـات المطروحـة للسـلام مـن قبـل الحكومـة اليمنية وتحالف دعم الشرعية في اليمن، حيث يرون أن التطورات والحقائق على الأرض قد تجاوزتها. وهم يتطلعون إلى تسوية سياسة تقوم على الإقرار بالواقع القائم، حيث يسـيطرون على معظم محافظات شمال اليمن على نحو ما سبق ذكره. كما أنهم عززوا من قبضتهم على السلطة بعد التخلص مـن الـرئيس اليمنـي السـابق علي عبدالله صالح، وتطويع حزبه "المؤتمر الشعبي العام"، ومن المعروف أن الرئيس اليمنـي السـابق، وما يمثله من ثقل قبلي وعسكري، كان قد دخل في تحالف ضرورة مع الحوثيين لأسباب عديدة لا يتسع المجال للخوض فيها. وقد مكنهم ذلك من السيطرة على معظم محافظات شمال اليمن بسهولة وخلال فترة زمنية وجيزة، وعندما أعلن صالح عن قراره إنهاء التحالف معهم قاموا باغتياله[13].

---

12. انظر نص القرار، في: قرار مجلس الأمن التابع للأمم المتحدة رقم 2216، وزارة الخارجية وشؤون المغتربين، الجمهورية اليمنية. متاح على الرابط التالي: https://www.mofa-ye.org/Pages

13. لمزيد من التفاصيل، انظر:

International Crisis Group, "Rethinking Peace in Yemen," op. cit.

وفي مقابل المرجعيات الثلاث التي تطرحها الحكومة اليمنية وتحالف دعم الشرعية في اليمن كأساس لأية تسوية سياسية، قدم الحوثيون في 8 إبريل 2020 وثيقة إلى الأمم المتحدة تتضمن تصورهم لحل شامل بين قيادة دول التحالف وقيادة الجمهورية اليمنية في صنعاء ممثلة في الحوثيين. وباستثناء مخرجات الحوار الوطني اليمني، لم تشر الوثيقة إلى أي مرجعيات أخرى تتمسك بها حكومة الرئيس هادي كأساس للحل، بل إنها لم تأت على ذكر هذه الحكومة المُعترف بها دولياً بشكل صريح؛ ولذلك لا تمثل وثيقة الحوثيين إطاراً يمكن التفاوض حوله على قاعدة الحلول الوسط والتنازلات المتبادلة، بل هي أقرب ما تكون إلى قائمة مطالب وإملاءات على الطرف الآخر.

وطبقاً للوثيقة، يتمثل تصور الحوثيين لإنهاء الحرب في قيام تحالف دعم الشرعية في اليمن برفع الحصار المفروض على الموانئ والمطارات اليمنية، ووقف هجماته المسلحة على اليمن دون أي قيد أو شرط؛ ما يعني استمرار سيطرة الحوثيين على مقاليد السلطة في شمال اليمن، وربما التمدد لاحقاً بالسيطرة على محافظات يمنية أخرى، فضلاً عن إنهاء جميع التدخلات الخارجية في اليمن. كما تطالب الوثيقة دول التحالف بدفع مرتبات الموظفين لعشر سنوات قادمة حتى يتعافى الاقتصاد اليمني، علاوة على قيامهم بدفع تعويضات للمتضررين من الحرب؛ ما يعني الالتزام بإعادة الإعمار. وفي الجانب السياسي، اقترحت الوثيقة قيام الأمم المتحدة بإطلاق محادثات بين المفاوضين اليمنيين من أجل التوصل إلى تسوية سياسية بعد التشاور مع الجانبين، مع التأكيد على عدم تدخل أي دولة في مجريات

هذا الحوار، والذي سيتم طرح مخرجاته للاستفتاء الشعبي وفقاً للدستور اليمني. وهكذا يعكس تصور الحوثيين للتسوية السياسية في اليمن رغبتهم في فرض الأمر الواقع، وخاصة أن ذلك يتسق مع معتقداتهم المذهبية وتطلعاتهم بشأن إحياء نظام الإمامة، حيث حكم الهاشميون الذين ينتمون إلى المذهب الزيدي ما كان يُعرف قبل عام 1990 بـ "اليمن الشمالي" لنحو ألف عام[14].

- **تعدد أطراف الصراع في ظل تصاعد الانقسامات السياسية والمذهبية والمناطقية**

تتسم الحرب في اليمن بتعدد أطرافها، وتشابك قضاياها، وغياب أرضية مشتركة للتسوية السياسية، الأمر الذي يجعل احتمالات تحقيق السلام صعبة ومعقدة. وتحصل الأطراف اليمنية المنخرطة في الحرب على دعم من أطراف خارجية، ترى الصراع في اليمن من منظور أجنداتها مصالحها الاستراتيجية. فإيران تدعم الحوثيين عسكرياً ومالياً وسياساً وإعلامياً. وبالمقابل انخرط تحالف دعم الشرعية في اليمن بقيادة السعودية في الحرب بشكل مباشر من أجل دعم ومساندة حكومة الرئيس هادي المعترف بها دولياً؛ وقد جاء ذلك بناءً على دعوة رسمية من هذه الحكومة.

---

14. لمزيد من التفاصيل، انظر:

Elana Delozier, "Houthis Release Their Wish List for Ending the Yemen War," *Policy Analysis/Policy Alert*, The Washington Institute for near East Policy, April 9, 2020; Nadwa Al-Dawsari, "The Houthis and the Limits of Diplomacy in Yemen," *Middle East Institute*, May 6, 2021. https://www.mei.edu/publications/houthis-and-limits-diplomacy-yemen

ولكن الأمر لا يقتصر على الحوثيين والحكومة الشرعية، حيث إن هناك قوى وتنظيمات مسلحة أخرى غير الجيش اليمني؛ كالمقاومة الشعبية المنخرطة في الحرب ضد الحوثيين دون أن تكون تحت مظلة حكومة الرئيس هادي، ومثل المجلس الانتقالي الجنوبي والقوات التابعة له، وقوات المقاومة الوطنية بقيادة العميد طارق صالح ابن شقيق الرئيس اليمني السابق علي عبدالله صالح، والذي يطمح إلى دور سياسي يحافظ من خلاله على الإرث السياسي للعائلة[15].

وفي ظل هذا الوضع المعقد، ومع طول سنوات الحرب، تعمقت الانقسامات السياسية والمذهبية والمناطقية، وهو الأمر الذي يجعل فرص التوصل إلى تسوية سياسية صعبة ومعقدة. وحسب تقرير حديث لمجموعة الأزمات الدولية، فإن اليمن منقسم اليوم إلى "خمسة كانتونات للسيطرة السياسية والعسكرية: المرتفعات الشمالية التي يسيطر عليها الحوثيون؛ والمناطق التي تديرها الحكومة في مأرب، والجوف، وشمال حضرموت، والمهرة، وشبوة، وأبين، ومدينة تعز؛ والمناطق الخاضعة لسيطرة المجلس الانتقالي الجنوبي الداعي للانفصال في عدن وما يحيط بها من مناطق داخلية؛ والمناطق الواقعة على ساحل البحر الأحمر حيث تشكل قوات المقاومة

---

15. لمزيد من التفاصيل، انظر:

Nadwa Al-Dawsari, "Why the "End of the Yemen War" Narrative is Problematic," *Middle East Institute*, February 9, 2021. https://www.mei.edu/publications/why-end-yemen-war-narrative-problematic; International Crisis Group, "Rethinking Peace in Yemen," op. cit.; Jeremy M. Sharp, "Yemen: Civil War and Regional Intervention," *CRS Report*, R43960, Congressional Research Service, September 2019.

المشـتركة القـوة الرئيسـية؛ وسـاحل حضـرموت، حيـث السـيطرة للسـلطات المحلية. وتدور رحى الحرب على عدة جبهات، لكلٍّ منها ديناميـاتها السياسية وسلاسـل السـيطرة والتحكم، وبعضها مرتبط على نحو غير وثيق بمعسـكر الحكومة، لكنها تعمل بشكل مستقل عملياً"[16].

وتأسـيساً على ما سـبق، يدرك الحوثيـون أن هناك أطرافاً يمنياً أخرى منخرطـة في الصـراع ضـدهم، سـوف تكـون قـادرة على إفشـال أيـة تسـوية سياسـية إذا لـم تكـن جـزءاً منهـا، مثـل المجلـس الانتقالي الجنـوبي والقـوات التابعة له، والتي سـبق أن خاضت مواجهات مسلحة ضد القوات الحكومية خلال عـامي 2019 و2020، وكذلك قوات المقاومة الوطنية. ومن هنا، فإن استمرار سيطرتهم على محافظات شمال اليمن بات يمثل أولوية بالنسبة لهم. وفي هذا الإطار، يمكن فهم محاولتهم المستميتة للسيطرة على مأرب، آخر معاقل حكومة الرئيس هادي في الشمال[17]؛ ولذلك رفض الحوثيون أي جهود للسلام تضع نهاية لسـيطرتهم على شمال اليمن باعتبار أن ذلك بات يمثل الحد الأدنى المقبول لديهم خلال هذه المرحلة.

---

16. لمزيد من التفاصيل، انظر:

International Crisis Group, "Rethinking Peace in Yemen," op. cit.

17. لمزيد من التفاصيل، انظر:

Nadwa Al-Dawsari, "Why the "End of the Yemen War" Narrative is Problematic," *Middle East Institute*, February 9, 2021.https://www.mei.edu/publications/why-end-yemen-war-narrative-problematic; International Crisis Group, op. cit., p. 31; Jeremy M. Sharp, "Yemen: Civil War and Regional Intervention," *CRS Report*, R43960, Congressional Research Service, September 2019.

كما يدرك الحوثيون وغيرهم أن حكومة الرئيس هادي المعترف بها دولياً تواجه جملة من التحديات؛ فهي كثيراً ما تعرضت للانتقاد سواء داخل اليمن أو خارجه بسبب ضعف فاعليتها، وسوء إدارتها، وعجزها عن توفير الحد الأدنى من الحاجات الأساسية للسكان في المناطق الواقعة تحت سيطرتها، فضلاً عن تمدد شبكات الفساد والمحسوبية المرتبطة بسياساتها. كما تواجه الحكومة تحديات على صعيد علاقاتها مع أطراف يمنية أخرى تحارب الحوثيين مثل المجلس الانتقالي الجنوبي، حيث جرى اقتتال مسلح بين القوات الموالية للطرفين أكثر من مرة خلال عامي 2019 و2020. ومن المعروف أن اتفاق الرياض الذي وقعه الطرفان في نوفمبر 2019، والذي تم التوصل إليه بوساطة سعودية بهدف إدماج المجلس الانتقالي في الحكومة، ووضع نهاية للصراع بين الجانبين - هذا الاتفاق لم يتم تنفيذه بشكل كامل بعد؛ ما يعني أن الصراع بينهما قد يتجدد في أية لحظة[18]. وفي هذا الإطار، يرى الحوثيون أن ضعف حكومة الرئيس هادي، والتي تعتمد بالأساس على دعم المملكة العربية السعودية، والخلافات فيما بين خصومهم تصب في مصلحتهم، وبالتالي فهم ليسوا في عجلة من أمرهم للتوصل إلى تسوية سياسية، ويراهنون على عامل الوقت، ولاسيما أنهم استطاعوا الاستمرار في الحرب لسبع سنوات. وبالطبع فإن مثل هذه القناعة الحوثية يمكن أن تتغير في حال تعرض الحوثيين لخسائر عسكرية كبيرة يصعب عليهم تعويضها بسهولة، أو في حال تعرضهم لضغوط دولية مكثفة.

---

18. لمزيد من التفاصيل، انظر:

International Crisis Group, "Rethinking Peace in Yemen," op. cit.

- **تنـامي القـدرات العسـكرية للحوثيين بـدعم مـن إيـران وحزب الله اللبناني**

من أهم الأسباب التـي تفسـر تعنت الحوثيين بشأن مبادرات وجهود تحقيق السلام هو تنامي قدراتهم العسكرية، الأمر الذي مكنهم من مواصلة القتـال على عدة جبهات في حرب طويلة، تكـاد تنهي عامها السـابع. وعلى الرغم مـن عدم وجود تقديرات دقيقة بشأن القدرات العسكرية للحوثيين، فإن هناك مؤشرات تدل على تزايد هذه القدرات؛ منها: القدرة على الاستمرار في الحرب منذ مارس 2015، وتمكنهم من تعويض خسائرهم من الأسـلحة والمعـدات العسـكرية والقوة البشـرية بدرجة أو بأخرى. وتصعيد عملياتهم العسكرية منذ مطلع عام 2021 بهدف السيطرة على محافظة مأرب، فضلاً عـن اسـتهداف منشـآت ومرافـق مدنيـة وعسكرية داخـل المملكـة العربيـة السـعودية بمئـات مـن الصـواريخ الباليسـتية بعيـدة المـدى، والطـائرات المسيرة المفخخة المتطورة، واستهداف الملاحة البحرية بمئات من الألغام البحرية والزوارق المفخخة.

وحسب بيانات أعلنها المتحدث الرسمي باسم "تحالف دعم الشـرعية في اليمن" العميد ركن تركي المالكي في مؤتمر صحفي عقده في 26 ديسمبر 2021، "فإن ميليشيات الحوثي استهدفت السعودية بـ 851 مسيرة، و430 صاروخاً باليستياً... وهددت الملاحة البحرية بأكثر من 247 لغماً بحرياً"[19].

---

19. لمزيد من التفاصيل، انظر: التحالف: "حزب الله" الإرهابي يتحمل مسؤولية استهداف المدنيين في السعودية واليمن، **جريدة الشرق الأوسط اللندنية**، 2021/12/26.

ورغم أن الكثير من الصواريخ الباليستية والطائرات الحوثية تم إسقاطها من جانب القوات المسلحة السعودية قبل الوصول إلى أهدافها، فإن بعضها أصاب مطارات ومنشآت نفطية وقواعد عسكرية ومساكن لمواطنين داخل عديد من المدن السعودية، مثل الرياض ومكة المكرمة والمدينة المنورة وجدة وينبع وخميس مشيط وأبها ونجران وجازان[20].

وعلى الرغم من أن الحوثيين استولوا على ترسانة ضخمة من أسلحة الجيش اليمني خلال الفترة الممتدة من عام 2011 حتى سيطرتهم على العاصمة صنعاء في سبتمبر عام 2014، إلا أن هذه الترسانة لم تتضمن صواريخ باليستية بعيدة المدى، ولا طائرات مسيرة متقدمة؛ وهنا يبرز دور إيران وحزب الله اللبناني في تعزيز القدرات العسكرية للحوثيين. ومن خلال تحليل السجل العسكري للحوثيين يتضح بجلاء حجم الدعم الإيراني لهم في هذا المجال، فخلال الفترة الممتدة بين عامي 2004 و2014، لا يوجد ما يؤكد استخدام الحوثيين للصواريخ، سواء خلال مرحلة حروب صعدة أو خلال المواجهات المسلحة التي خاضوها ضد مليشيات قبلية ووحدات تابعة للجيش اليمني في أعقاب انطلاق الانتفاضة ضد نظام الرئيس علي عبدالله صالح، والتي انتهت بسيطرتهم على العاصمة صنعاء في سبتمبر 2014. فطوال هذه الفترة خاض الحوثيون حروبهم في الجبال أو في مناطق حضرية، واستخدموا بالأساس أسلحة خفيفة ومتوسطة. كما أنه لم يكن لديهم أي قدرات على تصنيع الأسلحة أو تجميعها. ولكن بعد حوالي ثلاثة

---

20. لمزيد من التفاصيل، انظر: Jeremy M. Sharp, op. cit., p. 5.

أشـهر مـن انطـلاق عمليـة عاصفة الحـزم، بدأ الحوثيـون والقـوات الموالية للرئيـس اليمنـي السـابق علـي عبدالله صالـح، والطرفان كانا قـد انخرطا في تحالف مصلحي على نحو ما سبق ذكره - بدؤوا معاً في استهداف المناطق الجنوبيـة مـن المملكـة العربيـة السـعودية، مثـل نجـران وجازان وخميـس مشـيط بالصواريخ. كما أن قدراتهم علـى تجميـع وتصنيع بعض الأسـلحة بدأت تتنامى بشكل تدريجي[21].

ومنذ منتصف عام 2016، بدأ الحوثيون في استخدام أنواع من الأسلحة لم تكن ضمن ترسانة أسلحة الجيش اليمني التي سيطروا عليها بين عامي 2011 و2015. ومن هذه الأسلحة الصواريخ البالستية التي يصل مداها إلى أكثـر مـن 900 كيلـومتر مثـل "بركـان -1" و"بركـان - 2" و"بركـان - 3"، والطـائرات المسـيرة "الـدرونز" سـواء تلـك المخصصـة لأغـراض الاستطلاع وجمع المعلومـات أو المخصصة لمهـام قتالية (الطـائرات المفخخـة). ومـن هذه الطـائرات على سبيل المثال: "قاصف -1" و"قاصف k2" و"صماد - 2" و"صماد - 3" و"الهدهد -1" و"رقيب". وقد تزايد استخدام هذه الطائرات من جانـب الحـوثيين اعتبـاراً مـن عـام 2019. وهنـاك أيضـاً القـوارب المسـيرة المفخخـة، والتي تُستخدم في مهاجمة السـفن الحربية والتجارية والمنشـآت البحريـة في البحـر الأحمـر. وقـد شـن الحوثيـون مئـات مـن الهجمـات بهـذه

---

21. لمزيد من التفاصيل، انظر:

Jean-Loup C. Samaan, "Missiles, Drones, and the Houthis in Yemen," *Parameters*, Vol. 50. No. 1 (Spring 2020), pp. 54 – 55; Hassanein Ali, op. cit.

الأسلحة على المملكة العربية السعودية، كما استخدموها في هجماتهم ضد مأرب ومحافظات أخرى[22].

وقد اتخذ الدعم العسكري الإيراني للحوثيين منذ بداية الحرب في اليمن في مارس 2015 عدة أشكال[23]:

أولها، تزويد الحوثيين ببعض أنواع الأسلحة، سواء في شكل أسلحة جاهزة للاستخدام أو في شكل مكونات وأجزاء يتم تجميعها في اليمن. وتشمل هذه الأسلحة بعض أنواع الصواريخ الباليستية، والطائرات المسيرة

---

22. لمزيد من التفاصيل، انظر: وحدة الاستراتيجيات، "الانتحار المسير.. سلاح الحوثيين الاستراتيجي،" **ملف خاص**، مركز أبعاد للدراسات والبحوث، يناير 2019.

Jean-Loup C. Samaan, op. cit., pp. 55–63; Michael Knights, "The Houthi War Machine: From Guerrilla War to State Capture," *CTC Sentinel*, Vol. 11, No. 8 (September 2018), pp. 18–21.

23. لمزيد من التفاصيل، انظر:

Dr. Ori Goldberg et al., "Iran and the Houthi in Yemen," *IDC Herzliya, International Institute for Counter-Terrorism*, October 2019; Thomas Gibbons-Neff, "How Iranian weapons are Ending up in Yemen," *The Washington Post*, November 30, 2016. https://www.washingtonpost.com/news/checkpoint/wp/2016/11/30/how-iranian-weapons-are-ending-up-in-yemen/; Adam Taylor, "Why Iran Is Getting the Blame for an Attack on Saudi Arabia Claimed by Yemen's Houthis," *The Washington Post*, September 16, 2019. https://www.washingtonpost.com/world/2019/09/16/why-iran-is-getting-blame-an-attack-saudi-arabia-claimed-by-yemens-houthis/; Cameron Glenn and Garrett Nada, "Iran, Yemen and the Houthis," *The Iran Primer*, United State Institute of Peace, January 11, 2021. https://iranprimer.usip.org/blog/2015/apr/29/who-are-yemens-houthis

(مـن دون طيـار) المفخخـة، والـزوارق المسـيرة المفخخـة، والألغـام البحريـة، والبنادق الهجومية، وقاذفات القنابل وغيرها. وعلى الرغم من أن إيران دأبت على نفي انخراطها في تسليح الحوثيين، فقد أشارت التقارير السنوية لفريق الخبراء المعني باليمن التابع للأمم المتحدة وغيرها إلى وجود أدلة على قيام أفراد وكيانات مـن إيران بتزويد الحوثيين بكميـات مـن الأسـلحة ومكونات الأسـلحة؛ مـا يؤكد عـدم امتثـال إيران لقـرار مجلس الأمـن رقم 2216 لسـنة 2015، والذي يتضمن إلى جانب بنود أخرى حظر توريد أو بيع أو نقل أسـلحة للحوثيين. وعادة ما يتم توصيل هذه الأسـلحة إلى الحوثيين عبر طرق تهريب مختلفة تشمل حسب تقرير فريق خبراء الأمم المتحدة المعنـي باليمن لعام 2021 "المراكب التقليدية (مراكب الدهو الشـراعية) في بحر العرب، وتُنقل الأسـلحة والمعدات في الميـاه العُمانيـة والصوماليـة مـن السـفن إلى قـوارب أصغر، ويتم تسـليم الشـحنة إلى مـوانئ تطل على السـاحل الجنوبي لليمن وتهريبها برّاً إلى الحوثيين، أو في بعض الحالات عبر باب المندب مباشـرة إلى المناطق التي يسـيطر عليها الحوثيون"[24].

كما نشرت مجلة نيوزويك الأمريكية تقريراً في يناير 2021، أشارت فيه إلى قيام إيران بتزويد الحوثيين بطائرات مسـيرة متطورة من طراز "شهيد -

---

24. لمزيد من التفاصيل، انظر على سبيل المثال:

Letter dated 22 January 2021 from the Panel of Experts on Yemen addressed to the President of the Security Council, *United Nations, Security Council*, 25 January 2021, p. 3, p. 12.

136"، والتي يُطلق عليها اسم "الطائرات الانتحارية"، ويصل مداها إلى حوالي 2000 كيلومتر. والهدف من ذلك هو تمكين الحوثيين من استخدامها لشن هجمات ضد أهداف متنوعة لخصوم إيران في المنطقة، بما في ذلك أهداف أمريكية، دون أن تتورط إيران بشكل مباشر[25].

وفي هـذا الإطـار، أعلـن الحوثيـون مسـؤوليتهم عـن الهجمـات التـي استهدفت منشأتين نفطيتين تابعتين لشركة أرامكو السعودية في سبتمبر عـام 2019. وقد تـم تنفيـذ هـذه الهجمات بواسطة صواريخ كروز وطائرات مسـيرة. وبعـد ذلـك قدمت كلٌّ مـن المملكـة العربيـة السـعودية والولايـات المتحدة الأمريكية والأمم المتحدة تقارير وأدلة أكدت ضلوع إيران بشكل مباشـر في العملية، وذلك باعتبار أن تنفيـذ هجمـات من هذا النـوع يتجاوز قدرات الحوثيين، ومدى الأسلحة التي في حوزتهم. ويبدو أن هدف الحوثيين من وراء تبني هذه الهجمات هو إبعاد إيران عـن دائرة الاتهام ومنحها فرصة لممارسـة سياسة الإنكـار التـي دأبـت عليها[26]. وبصفة عامـة، فقـد تـم خـلال

---

25. لمزيد من التفاصيل، انظر:

Tom O'Connor, "Exclusive: Iran Positions 'Suicide Drones' in Yemen As Red Sea Tensions Rise," *Newsweek*, 13/1/2021. https://www.newsweek.com/iran-suicide-drones-yemen-red-sea-tensions-1561395

26. لمزيد من التفاصيل، انظر: الأمم المتحدة تؤكد ضلوع إيران المباشـر في الهجمات ضد السعودية، **جريدة الشرق الأوسط السعودية**، 2020/6/30.

Gregory D. Johnsen, "Foreign Actors in Yemen: The History, the Politics and the Future," *SANA'A Center for Strategic Studies, Main Publications*, January 31, 2021. https://sanaacenter.org/publications/main-publications/13042

السنوات القليلة الماضية اعتراض ومصادرة العديد من شحنات الأسلحة ومكونات الأسلحة المتجهة من إيران إلى الحوثيين سواء من قبل قوات تحالف دعم الشرعية في اليمن أو البحرية الأمريكية أو قوات حرس السواحل اليمنية أو الأسطول الفرنسي[27].

وثانيها، تعزيز قدرات الحوثيين في مجال التصنيع العسكري، إذ تشير بعض التقارير والدراسات إلى قيام إيران بدعم الحوثيين في مجال تأسيس بنية تحتية للتصنيع العسكري، وذلك من خلال نقل بعض الخبرات التكنولوجية والفنية العسكرية لهم من ناحية، وإرسال خبراء متخصصين في التصنيع العسكري تابعين لـ "الحرس الثوري الإيراني" و"حزب الله" اللبناني لتعزيز قدراتهم في هذا المجال من ناحية أخرى. وفي ضوء ذلك، أصبح الحوثيون قادرين على تصنيع بعض أنواع الأسلحة والطائرات المسيرة محلياً، فضلاً عن قدرتهم على تجميع مكونات وأجزاء الأسلحة سواء تلك المتاحة تجارياً مثل أجزاء ومحركات الطائرات المسيرة، والتي يتم الحصول عليها من خلال وسطاء تجاريين، أو تلك التي تصل إلى الحوثيين من إيران عبر بعض مسالك التهريب. كما استطاع الحوثيون بفضل الدعم الإيراني إدخال تعديلات على بعض أنواع الصواريخ والطائرات المسيرة، بحيث أصبحت ذات مدى أبعد.

---

27. لمزيد من التفاصيل، انظر:

Maher Farrukh, Taylor Nocita and Emily Estelle, "Warning Update: Iran's Hybrid Warfare in Yemen," *Critical Threats*, March 26, 2017. https://www.criticalthreats. org/analysis/warning-update-irans-hybrid-warfare-in-yemen

ومهما يكن من أمر، فإن قدرات الحوثيين في مجال التصنيع العسكري تبقى متواضعة، حيث إن الأسلحة الرئيسية مثل الصواريخ الباليستية بعيدة المـدى والطائرات المسـيرة المتطـورة تـأتي مـن إيـران كأجزاء عبـر مسـالك عديدة للتهريب، ويتم في أفضل الأحوال تجميع بعض الأسلحة في اليمن[28].

وثالثها، التدريب العسكري؛ لـمَّا كانت القدرة على استخدام بعـض الأسـلحة المتطـورة مثـل الصواريخ الباليسـتية والطائرات المسـيرة المفخخة تتطلب نوعاً مـن التدريب، فإن إيران بدأت منذ عـام 2011 في إرسال خبراء من الحرس الثوري الإيراني وحزب الله اللبناني لتدريب مقاتلي الحوثيين على أسـاليب حـرب العصـابات، والتخطـيط الاسـتراتيجي، وجمـع المعلومـات، واستخدام الأسلحة المتطورة. وقد استمر هذا التوجه بعد سـيطرة الحوثيين على العاصمة صنعاء في سبتمبر 2014[29].

---

28. لمزيد من التفاصيل، انظر:

Seth G. Jones et al., "The Iranian and Houthi War against Saudi Arabia," *CSIS Briefs*, CSIS, December 2021. https://www.csis.org/analysis/iranian-and-houthi-war-against-saudi-arabia; Michael Knights, op. cit., p. 20; Dr. Ori Goldberg et al., op. cit., pp. 7–9; Letter dated 22 January 2021 from the Panel of Experts on Yemen addressed to the President of the Security Council, *United Nations, Security Council*, 25 January 2021, p. 12; Conflict Armament Research, *Iranian Technologies Transfers to Yemen*, March 2017. https://www.conflictarm.com/perspectives/iranian-technology-transfers-to-yemen/; Will Hartley, "Ansar Allah "Airport for Airport" Strategy Underlines Potential for Re-escalation of Yemen Conflict," *JANES*, 21 June 2019. https://www.janes.com/defence-news/news-detail/ansar-allah-airport-for-airport-strategy-underlines-potential-for-re-escalation-of-yemen-conflict

29. لمزيد من التفاصيل، انظر:

Michael Knights, op. cit., p. 18; Dr. Ori Goldberg et al., op. cit., pp. 10–11.

ورابعها، أنه خلال شهري نوفمبر وديسمبر 2021، قدم تحالف دعم الشرعية في اليمن أدلة في شكل صور ومقاطع فيديو تفيد بأن مطار صنعاء قد أصبح قاعدة عسكرية لخبراء من الحرس الثوري الإيراني وحزب الله اللبناني اللذين يقدمان دعماً عسكرياً للحوثيين. وحسب ما أعلنه التحالف فإن الحوثيين يستغلون مواقع ذات حصانة قانونية مثل مطار صنعاء لتنفيذ هجمات ضد المملكة العربية السعودية. وعلى خلفية ذلك، نفَّذت قوات التحالف هجمات ضد قاعدة الديلمي المرتبطة بمطار صنعاء، وتم تدمير مرافق لتجميع الطائرات المسيرة وتفخيخها في هذه القاعدة، بالإضافة إلى تدمير منصات لإطلاق الصواريخ الباليستية تحت الأرض مرتبطة بالمطار، كما هاجمت بعض المواقع التي تضم أهدافاً عسكرية داخل المطار، وذلك بعد إسقاط الحماية القانونية عنها حسب القانون الدولي الإنساني[30].

وخامسها، في أحدث معلومات متاحة عن الدعم العسكري الذي تقدمه إيران للحوثيين، أعلنت وزارة العدل الأمريكية في 7 ديسمبر 2021 نجاح البحرية الأمريكية في مصادرة كميات كبيرة من الأسلحة كانت على مَثْنَيْ سفينتين بلا عَلَم في بحر العرب، وذلك أثناء قيامها بعمليات أمنية بحرية روتينية. وقد تمت عملية المصادرة في 25 نوفمبر 2019 و9 فبراير

30. لمزيد من التفاصيل، انظر: "التحالف" ينفّذ ضربات لأهداف عسكرية مشروعة في مطار صنعاء، **جريدة الشرق الأوسط اللندنية**، 2021/12/20؛ التحالف: "حزب الله" الإرهابي يتحمل مسؤولية استهداف المدنيين في السعودية واليمن، **جريدة الشرق الأوسط اللندنية**، 2021/12/26؛ عبدالهادي حبتور، "أدلة على «عسكرة» الحوثيين مطار صنعاء"، **جريدة الشرق الأوسط اللندنية**، 2021/11/23؛ "التحالف": مطار صنعاء قاعدة عسكرية لخبراء "الحرس الثوري" و"حزب الله" الإرهابي، جريدة الشرق الأوسط اللندنية، 2021/11/28.

2020. وتشمل الأسلحة المصادرة (171) صاروخ أرض - جو، و(8) صواريخ مضادة للدبابات، فضلاً عن مكونات صواريخ كروز للهجوم البري، ومكونات صواريخ كروز مضادة للسفن، ومعدات بصرية حرارية، ومكونات أخرى للصواريخ والمسيرات. وحسب البيان الصادر عن الوزارة، فإن الحرس الثوري الإيراني، الذي تصنفه الولايات المتحدة الأمريكية منظمة إرهابية، هو المسؤول عن عملية شحن الأسلحة التي كانت موجَّهة إلى الحوثيين في اليمن. وتُعد شحنة الأسلحة المصادَرة هي الأكبر على الإطلاق لشحنات أسلحة مصدرها إيران[31].

- **ارتباط الحرب في اليمن بالأجندة الإقليمية والدولية لإيران**

إذا كانت إيران قد لعبت دوراً مهماً في تعزيز القدرات العسكرية للحوثيين؛ الأمر الذي مكّنهم من مواصلة الحرب، وتجاهل دعوات السلام ومبادراتها، فإنه يمكن تفسير ذلك في ضوء سعي طهران إلى توظيف علاقاتها مع الحوثيين وغيرهم من الفاعلين المسلحين من غير الدول؛ مثل

---

31. لمزيد من التفاصيل، انظر: واشنطن تعلن مصادرة أسلحة إيرانية كانت في طريقها إلى الحوثيين، **جريدة الشرق الأوسط اللندنية**، 2021/12/8. متاح على الرابط التالي:

https://aawsat.com/home/article/3347641/

واشنطن تكشف تفاصيل "أكبر عملية مصادرة" لشحنات أسلحة ونفط إيرانية، **الحرة**، 2021/12/8. متاح على الرابط التالي:

https://www.alhurra.com/arabic-and-international/2021/12/08; Department of Justice, Office of Public Affairs, United States Prevails in Actions to Seize and Forfeit Iranian Terror Group's Missiles and Petroleum," December 7, 2021. https://www.justice.gov/opa/pr/united-states-prevails-actions-seize-and-forfeit-iranian-terror-group-s-missiles-and

فصائل الحشد الشعبي العراقية المسلحة الموالية لها، وحزب الله اللبناني، من أجل خدمة أجندتها الإقليمية والدولية. ويشمل ذلك تعزيز موقفها التفاوضي بشأن ملفها النووي، وإدارة علاقتها مع كل من الولايات المتحدة الأمريكية وإسرائيل، فضلاً عن تعزيز نفوذها في المنطقة العربية، وذلك من خلال التمدد في دول عدة؛ مثل: سوريا ولبنان والعراق واليمن[32].

كما تقترن الحرب في اليمن في جانب منها بملف العلاقات السعودية - الإيرانية، وما يشوبها من توترات وخلافات لأسباب مذهبية وأيديولوجية وسياسية. فالسعودية تدخلت عسكرياً على رأس التحالف العربي لدعم حكومة الرئيس عبد ربه منصور هادي، وإعادتها إلى ممارسة السلطة من صنعاء، فيما انخرطت طهران في دعم الحوثيين بهدف إطالة أمد الحرب، واستنزاف المملكة العربية السعودية.

وإذا كانت السعودية قد أكدت حرصها على التوصل إلى تسوية سياسية للحرب في اليمن، وقدمت مبادرات بهذا الخصوص، فإن إيران استمرت في تزويد الحوثيين بأشكال مختلفة من الدعم العسكري؛ الأمر الذي مكّنهم من الاستمرار في الحرب على نحو ما سبق ذكره. كما دأبت إيران على رفض مبادرات السلام بشأن اليمن، وتشجيع الحوثيين على رفضها.

---

32. لمزيد من التفاصيل، انظر:

Afshon Ostovar, "The Grand Strategy of Militant Clients: Iran's Way of War," *Security Studies*, Vol. 28, No.1 (2019), pp. 159–188; Amjad Tadros, "Why Yemen Will Have to Keep Waiting for an End to Its Devastating Civil War," *CBS News*, May 6, 2021.

وعلى سبيل المثال، فهي كثيراً ما انتقدت جهود الأمم المتحدة في اليمن، ولم تتوانَ في رفض مبادرة السلام السعودية التي تم الإعلان عنها في 22 مارس 2021، كما أنها انتقدت التحول في سياسة إدارة بايدن تجاه الأزمة اليمنية، حيث اعتبرته مجرد مناورة سياسية، ولا يعالج أخطاء الماضي[33].

حاولت المملكة العربية السعودية إنهاء الحرب على نحو يضمن اعتبارات أمنها الوطني، وذلك من خلال الدخول في حوار مع الحوثيين في أكتوبر 2019 عبر قناة خلفية، إلا أن هذا الحوار لم يسفر عن نتائج، وخاصة فيما يتعلق بضمانات أمن المملكة من ناحية، وتحجيم النفوذ الإيراني في اليمن من ناحية أخرى.

وقد أثارت محادثات السعودية مع الحوثيين بعض الهواجس لدى الأطراف اليمنية الأخرى المعادية للحوثيين، وخاصة حكومة الرئيس عبد ربه منصور هادي، والمجلس الانتقالي الجنوبي، حيث خشيت هذه الأطراف من مغبة إقصائها من المشاركة في الاتفاق بين السعودية والحوثيين، وفرضه

---

33. لمزيد من التفاصيل، انظر:

Samuel Ramani, "How is Iran Responding to Biden's Policy Shift on Yemen?" *Middle East Institute*, March 9, 2021; Bradley Bowman and Katherine Zimmerman, "Biden Can't Bring Peace to Yemen While Iran Keeps Sending Weapons," *Foreign Policy*, March 4, 2021. https://foreignpolicy.com/2021/03/04/biden-yemen-peace-saudi-arabia-houthis-iran-weapons/; Samuel Ramani, "Iran's Post-Conflict Vision in Yemen," *Sada: Middle East Analysis*, December 11, 2019. https://carnegieendowment.org/sada/80557

عليها بعد ذلك. ويكشف ذلك عن جانب من تعقيدات المشهد السياسي والأمني في اليمني[34].

ومن ناحية أخرى، انخرطت المملكة العربية السعودية في محادثات مع إيران منذ إبريل 2021. وتُعد المسألة اليمنية ضمن أهم الموضوعات على أجندة هذا المحادثات، حيث يُتوقع في حال نجاح المفاوضات أن تستخدم إيران نفوذها لدى الحوثيين لإنهاء الحرب، والانخراط في تسوية سياسية شاملة. وعلى الرغم من استمرار جولات المحادثات بين الطرفين، فإنها لم تسفر عن أي نتائج ملموسة بشأن الدفع في اتجاه التسوية السياسية في اليمن حتى الآن (مطلع يناير 2022). وحسب بعض المحللين، فإنه إذا كانت إيران تستطيع حث الحوثيين على التهدئة بشأن استهداف المملكة العربية السعودية، فإنها قدرتها على دفعهم لاتخاذ قرارات مصيرية تتعلق بسيطرتهم على معظم شمال اليمن، وتغيير شروطهم ومطالبهم بشأن التسوية والسلام هي موضع شك، ولاسيما أن طبيعة علاقة طهران بالحوثيين لا تقوم على الدرجة نفسها من التبعية التي تميز علاقتها بكل من حزب الله اللبناني وفصائل الحشد الشعبي الموالية لها في العراق[35].

---

34. لمزيد من التفاصيل، انظر:

International Crisis Group, "Rethinking Peace in Yemen," op. cit., pp. 20–21.

35. لمزيد من التفاصيل، انظر: إيران: حوارنا مع السعودية يسير بالاتجاه الصحيح وتوصلنا إلى اتفاقات معينة، **RT**، 2021/10/8. متاح على الرابط التالي:
https://arabic.rt.com/middle_east/1281222; Hussein Ibish, "Saudi Arabia's New Dialogue with Iran was Long in the Making," *The Arab Gulf States Institute in Washington*, May 4, 2021; Dina Esfandiary & Ariane Tabatabai, "Yemen: An Opportunity for Iran-Saudi Dialogue?," *The Washington Quarterly*, Vol. 39, No. 2 (2016), pp. 155–174.

- **تمدد شبكة المنتفعين من تنامي اقتصاد الحرب في اليمن**

مـن المعـروف أن شـبكات الفسـاد والمحسـوبية شـكلت ملمحاً بـارزاً لنظام الرئيس علي عبدالله صالح، حيث وظفها لضمان استمراره في السلطة. وقد انخرط في هذه الشبكات شـيوخ قبائل، وقيادات سياسـية وعسكرية، ورجال أعمال[36]. ومع استمرار حالة الحرب في اليمن منذ عام 2015، تزايدت مظاهر وممارسات اقتصاد الحرب، وخاصة في ظل حالة الفوضى والانقسام التـي تشـهدها الـبلاد، والتـي ترتـب عليهـا انعـدام سـيادة القـانون، وغيـاب المسـاءلة والمحاسـبة. ويضـم اقتصـاد الحـرب في اليمن مجموعـات واسـعة من الفاعلين والمصالح والأنشطة الاقتصادية غير المشروعة.

وتنتشـر شبكات اقتصاد الحرب في مختلف مناطق اليمن، سواء تلك التي يسيطر عليها الحوثيون، أو تلك الواقعة تحت سيطرة حكومة الرئيس عبد ربه منصور هادي، أو الواقعة تحت سيطرة كيانات عسكرية وسياسية أو قبلية أخرى. وبذلك أصبح هذا النوع من الاقتصاد يغذي استمرار الحرب باعتبار أن هناك فئات أصبحت مصالحها مرتبطة بهذا الوضع، وبخاصة

---

36. لمزيد من التفاصيل، انظر:

Sarah Phillips, *Yemen's Democracy Experiment in Regional Perspective: Patronage and Pluralized Authoritarianism* (London: Palgrave Macmillan, 2008); Thomas Juneau, "Yemen: Prospects for State Failure – Implications and Remedies," *Middle East Policy*, Vol. XVII, No. 3 (Fall 2010), pp. 134–152; April Longley Alley," Yemen's Multiple Crises," *Journal of Democracy*, Vol. 12, No. 21 (2010), pp. 72–86.

الفئـات المنخرطـة في تجارة الأسـلحة، وأنشـطة التهريـب، وبيـع السـلع في السوق السوداء[37].

- **فشـل الأمـم المتحـدة والمجتمـع الـدولي عمومـاً في التعامـل مـع الأزمة اليمنية**

ولاشـك في أن فشـل الأمـم المتحـدة والمجتمـع الـدولي عمومـاً في التعامـل مـع الأزمـة اليمنيـة يمثـل أحـد الأسـباب الرئيسـية لتعنُّـت الحـوثيين، ومـن ثم استمرار الحرب. ويمكن في هذا المقام تسليط الضوء على مستجدات السياسة الأمريكيـة تجـاه الأزمـة اليمنيـة؛ فعلى الـرغم مـن أن الـرئيس بايدن أكـد اهتمام إدارته بإنهاء الحرب في اليمن، فإن بعض القرارات التي اتخذها أدت إلى نتائج عكسية، حيث اتخذ في فبراير 2021 ثلاثة قرارات مهمة بشأن اليمن؛ هي: إنهاء الدعم الأمريكي للعمليات العسكرية الهجومية كافة التي يقوم بها تحالف دعم الشرعية في اليمن بقيادة المملكة العربية السعودية، مع وقف مبيعات الأسلحة المرتبطة بذلك، ورفع اسم جماعة الحوثي من قائمة الإرهاب، وهو القرار الذي اتخذته إدارة ترامب في أيامها الأخيرة، وذلك بحجة أن هذا الإجراء سيسهل إيصال المساعدات الإنسانية للشعب اليمني؛ ومن ثم لم تعد الجماعة معرضة للقيود التي كانت مفروضة عليها بموجب القواعد الأمريكية الخاصة بمواجهة الإرهاب والمنظمات الإرهابية الأجنبية.

---

37. لمزيد من التفاصيل، انظر:

Sana'a Center for Strategic Studies, "Corruption in Yemen's War Economy," *Policy Brief*, No. 9, November 2018, p. 3; Hassanein Ali, op. cit.

وقد جاءت القرارات في غير صالح حكومة الرئيس هادي وتحالف دعم الشرعية المساند لها، والذي تقوده المملكة العربية السعودية. وبالمقابل استفاد منها الحوثيون، حيث نظروا إلى تخلي واشنطن عن دعم العمليات العسكرية للتحالف على أنه إضعاف لدوره في المواجهة، وأن ذلك قد يمكّنهم في نهاية المطاف من فرض الأمر الواقع على خصومهم. كما قامت إدارة بايدن بتعيين الدبلوماسي المخضرم تيموثي ليندركينغ، الذي شغل منصب نائب مساعد وزير الخارجية سابقاً، مبعوثاً خاصاً إلى اليمن للمساعدة في التوصل إلى حل سياسي شامل للأزمة، وبالفعل زار ليندركينغ اليمن ودولاً أخرى في المنطقة مرات عدة سعياً وراء تحقيق هذا الهدف، إلا أن جهوده لم تسفر عن نتائج ملموسة. وعلى الرغم من الانتقادات التي وجهتها الولايات المتحدة الأمريكية للحوثيين بسبب التصعيد العسكري في مأرب واستهداف المدنيين في السعودية، فإن سياستها تجاههم لم تتغير، حيث لم يتجاوز الأمر حدود التصريحات؛ لذلك لم يعد لدى واشنطن خيارات في اليمن. كما ظلت الأزمة اليمنية على هامش اهتمامات القوى الدولية الكبرى الأخرى، مثل: روسيا والصين ودول الاتحاد الأوروبي[38].

---

38. لمزيد من التفاصيل، انظر: معاذ العمري، "أربعة إجراءات حددت نهج بايدن في اليمن خلال مئة يوم،" **جريدة الشرق الأوسط اللندنية**، 2021/4/29.
Stephen W. Day, "America's Role in the Yemen Crisis," in: Stephen W. Day and Noel Brehony (eds.), *Global, Regional, and Local Dynamics in the Yemen Crisis* (London: Palgrave Macmillan, 2020), Chapter 4; Sultan Al-Amer," Biden and the War in Yemen: The Larger Context of the Shifts in the American Position," *Sada: Middle East Analysis*, Carnegie Endowment for International Peace, April 14, 2021; Emirates

وبخصوص دور الأمم المتحدة في اليمن، فهي انخرطت في الأزمة اليمنية منذ بداياتها في عام 2011، حيث أصدر مجلس الأمن قرارات عدة بشأنها أهمها القرار رقم 2216 لعام 2015، الذي يطالب الحوثيين بسحب قواتهم من المناطق كافة التي سيطروا عليها بما في ذلك العاصمة صنعاء، والتخلي عن الأسلحة جميعها التي استولوا عليها من المؤسسات العسكرية والأمنية، والتوقف عن الأعمال كلها التي تندرج ضمن نطاق سلطة الحكومة الشرعية في اليمن، وإنهاء تجنيد الأطفال وتسريحهم من صفوفهم. وعلى الرغم من الأهمية التي يمثلها هذا القرار، فإن الأمم المتحدة لا تزال عاجزة عن تنفيذه.

كما حاولت الأمم المتحدة إنهاء الحرب والتوصل إلى تسوية سياسية شاملة للأزمة اليمنية؛ ولذلك قامت بتعيين أربعة مبعوثين خاصين إلى اليمن للمساعدة في تحقيق هذا الهدف، وهم: المغربي جمال بن عمر (2011 - 2015)، والموريتاني إسماعيل ولد الشيخ أحمد (2015 - 2018)، والبريطاني مارتن غريفيث (2018 - 2021) والسويدي هانز جروندبرج (سبتمبر 2021 - الآن). وعلى الرغم من الجهود التي قام بها هؤلاء المبعوثون الأمميون، فإن الحرب مازالت مستمرة، بل أصبحت أكثر تعقيداً، سواء من حيث تشعب قضاياها، أو تعدد أطرافها، أو درجة حدتها قياساً بحجم التصعيد على جبهات القتال.

Policy Center, "Biden Administration and Yemen: Orientations and Implications for the Conflict Parties and Political Solution Path," *Brief*, 17 February, 202; Robert Malley and Stephen Pomper, "Accomplice to Carnage: How America Enables War in Yemen," *Foreign Affairs*, March/April 2021. https://www.foreignaffairs.com/articles/united-states/2021-02-09/how-america-enables-war-yemen

وجـدير بالـذكر أن الأمـم المتحـدة قامـت برعايـة جـولات عـدة مـن مفاوضـات السـلام اليمنيـة، جـرت في كـل مـن سويسـرا والكويـت وسـلطنة عُمـان، وجميعهـا لم تسـفر عـن نتائج ملموسة. كما كانت هناك جولة مـن المفاوضات في ستوكهولم في السـويد، توصل الطرفان خلالها إلى اتفاق تم بموجبـه تجنيـب مدينـة الحديـدة وموانئهـا الثلاثـة عواقـب مواجهـة مسـلحة مدمرة في أواخـر عـام 2019. وعلى الرغم مـن ذلك، فإنه لم يتم تنفيذ هذا الاتفاق بشكل كامل حتـى الآن. وخلال النصـف الأول مـن عـام 2021، أجرى المبعوث الأممي مارتن غريفيث اتصالات ومحادثات مع الأطراف المعنية بهدف وقـف الحـرب في اليمـن، كـان آخرهـا في نهاية مايـو 2021، إلا أنها لم تحقق أي تقدم بشـأن وقـف إطلاق النار وإطلاق عملية التسـوية السياسية؛ ولذلك عبر الرجل في آخر زيارة له لليمن عن إحباطه بقوله: "لا أحد يمكن أن يكون أكثر إحباطاً مني، لقد أمضينا عاماً ونصف العام نعمل على أمور يسهل وصـفها نسـبياً: وقـف إطلاق النار، وفتح مطـار صنعاء، وفتح مـوائئ الحديـدة، واستئناف العملية السياسية التي تشهد تأخيراً كبيراً... في بعض الأحيان نحرز تقدماً جيداً، ونتوقّع النجاح، وأننا سنتوصّل إلى اتفاق، ثم تتدخل الحرب ويعتقد طرف أو آخر أنه سيحقق المزيد مـن المكاسب في سـاحة المعركة؛ لذا فهو لا يريـد إنهـاء الحـرب"[39]. ومـن المعـروف أن الحـوثيين رفضـوا في مناسبات عـدة

---

39. انظر: علي ربيع، "غريفيث متفائل بنجاح خطته ويدعو لوقف الهجوم الحوثي على مأرب،" **جريدة الشرق الأوسط اللندنية**، 2021/6/1.

Ahmed Al-Haj, "UN Envoy Says He's Frustrated as Yemen Truce Talks Derailed," *AP News*, May 31, 2021. https://apnews.com/article/united-nations-middle-east-yemen-8ac9a 54e38a0ee1f8b536a6f2b07873e

مقابلة المبعوث الأممي مارتن غريفيث؛ ما يكشف عن مدى استهانتهم بدور الأمم المتحدة في اليمن[40].

وعلى خلفية ذلك، تعرض مارتن غريفيث لكثير من الانتقادات، سواء من حيث قدراته ومهاراته التفاوضية، أو تركيزه على الجوانب الإنسانية دون السياسية للصراع، فضلاً عن مهادنته أطراف الصراع، وخاصة الحوثيين، حيث بدا مسلكه أقرب ما يكون إلى الحياد السلبي. كما لم يستطع المبعوث الأممي طرح استراتيجية شاملة للسلام، واهتم أكثر بتجزئة قضايا الصراع، وهو ما أدى في نهاية المطاف إلى فشل مهمته، حيث لم يحقق اختراقاً يُحسب له بشأن تسوية الأزمة اليمنية[41].

وجدير بالذكر أن فشل الأمم المتحدة في اليمن لا يمثل حالة استثنائية، حيث إنها فشلت في التعامل مع الحرب الأهلية في كلٍّ من سوريا وليبيا

---

40. لمزيد من التفاصيل، انظر:

Fatima Abo Alasrar, "For Yemen's Houthis, the Status Quo Is the Key to Power," *Middle East Institute*, March 25, 2021; Nadwa Al-Ddawsari, "Why the End of the Yemen War Narrative Is Problematic," op. cit.; Michael Wahid Hanna and Peter Salisbury, "The Shattering of Yemen: Why Ending the War Is More Difficult Than Ever," *Foreign Affairs*, August 19, 2021. https://www.foreignaffairs.com/articles/united-states/2021-08-19/shattering-yemen

41. لمزيد من التفاصيل، انظر: مركز الإمارات للسياسات، "اليمن على موعد مع مبعوث أممي جديد: الأسباب والتداعيات على مسار الحل السياسي"، **قضايا متخصصة**، 6 يونيو 2021. متاح على الرابط التالي:

https://epc.ae/details/featured/alyaman-ala-mwed-maa-mabuth-umami-jadid-alasbab-waltadaeiat-ala-masar-alhal-alsiyasii

أيضاً. فمنذ عام 2011، تم تعيين 14 مبعوثاً أممياً؛ منهم 6 إلى سوريا، و4 إلى ليبيا، و4 إلى اليمن، إلا أن جهودهم من أجل إنهاء الحروب في الدول المعنية وتحقيق السلام لم تسفر عن نتائج إيجابية ملموسة. كما أن القرارات التي أصدرها مجلس الأمن بشأن الحرب في كل من الدول الثلاث، وبخاصة فيما يتعلق بمنع تدفق الأسلحة إلى هذه الدول لم تجد طريقها إلى التنفيذ، حيث تجاهلتها الأطراف المحلية المنخرطة في الصراعات المعنية، كما انتهكتها بعض الأطراف الإقليمية والدولية التي تدخلت لتقديم الدعم والمساندة للفاعلين المحليين المرتبطين بأجنداتها ومصالحها.

ويمكن تفسير إخفاق الأمم المتحدة في التعامل بفاعلية مع الأزمة اليمنية وغيرها في ضوء عوامل عدة؛ من أهمها: ضعف الموارد المتاحة للمنظمة الدولية من ناحية، وكثرة الخلافات والانقسامات داخل مجلس الأمن من ناحية أخرى، الأمر الذي يعطل قدرته على إصدار قرار أو تنفيذ قرار اتخذه، ولاسيما في ظل اللجوء المتكرر إلى استخدام حق النقض (الفيتو) من قِبل بعض الأعضاء الدائمين في المجلس[42].

---

42. لمزيد من التفاصيل، انظر: أحمد عاطف، "مراوغة الحوثي: لماذا تتعثر مفاوضات حل الأزمة اليمنية؟"، **التحليلات - التغيرات السياسية**، مركز المستقبل للأبحاث والدراسات المتقدمة، 2019/1/6؛ علاء عبدالحميد عبدالكريم، **دور الأمم المتحدة في تسوية الأزمة السورية** (أبوظبي: مركز الإمارات للدراسات والبحوث الاستراتيجية، ط1، 2018).

Hassanein Ali, op. cit.; Helen Lackner, "Why Can't the United Nations Bring Peace to Yemen?" *openDemocracy*, 6 January 2018. https://www.opendemocracy.net/en/north-africa-west-asia/why-can-t-united-nations-bring-peace-to-yemen/; Why the United Nations Cannot End Wars in the Arab world, *The Economist*, February 15, 2020. https://www.economist.com/middle-east-and-africa/2020/02/13/why-the-united-nations-cannot-end-wars-in-the-arab-world

وبالإضافة إلى جهود الأمم المتحدة، كانت هناك محاولات إقليمية ودولية أخرى لإنهاء الحرب ودفع عملية التسوية السياسية في اليمن، من أهمها الجهود التي قام بها المبعوث الأمريكي إلى اليمن تيموثي ليندركينغ، حيث زار اليمن ودولاً أخرى في المنطقة مرات عدة لهذا الغرض، إلا أن كل هذه المحاولات لم تسفر عن نتائج في ظل استمرار الهجوم الحوثي على محافظة مأرب بهدف السيطرة عليها قبل الدخول في أي مفاوضات سلام. ولذلك أصدرت وزارة الخارجية الأمريكية في 4 يونيو 2021 بياناً انتقدت فيه الحوثيين بشكل حاد، وحمّلتهم المسؤولية الكبرى عن استمرار الحرب، وإفشال جهود السلام. كما قامت سلطنة عمان بجهود دبلوماسية في هذا المجال. وطرحت المملكة العربية السعودية مبادرة للسلام في 22 مارس 2021، ورغم أنها حظيت بدعم إقليمي ودولي واسعين، فإنها قُوبلت بالرفض من جانب الحوثيين، وكذلك من قِبل كلٍّ من إيران وحزب الله اللبناني، اللذين يقدمان الدعم للحوثيين بأشكال مختلفة.[43]

---

43. لمزيد من التفاصيل، انظر: معاذ العمري وعلي بردى، "واشنطن تحمّل الحوثيين المسؤولية الكبرى عن حرب اليمن"، **جريدة الشرق الأوسط اللندنية**، 2021/6/5.

Nadwa Al-Dawsari, "Why the "End the Yemen War" Narrative Is Problematic," op. cit;
U.S. Department of State, "U.S. Special Envoy for Yemen Lenderking Returns from Travel to Saudi Arabia, Oman, the UAE, and Jordan," *Media Note*, June 4, 2021.
https://www.state.gov/u-s-special-envoy-for-yemen-lenderking-returns-from-travel-to-saudi-arabia-oman-the-uae-and-jordan

ثالثاً: مآلات الحرب ومستقبل الدولة اليمنية.. بين صعوبات إعادة التوحيد ومخاطر التصدع

على الرغم من وجود قناعة لدى كثير من الأطراف اليمنية وغير اليمنية بأن الأزمة في اليمن لا يمكن حسمها عسكرياً، وأن حلها بشكل مستدام لابد أن يكون سياسياً، فإن احتمالات التوصل إلى تسوية سياسية سلمية تبدو بعيدة على الأقل خلال الأجلين القصير والمتوسط؛ فالواقع بات أكثر تعقيداً وتشابكاً، وقد لخص هذا الواقع المعقد تقرير نشرته مجموعة الأزمات الدولية في يوليو 2020 بعنوان "إعادة التفكير في كيفية تحقيق السلام في اليمن".

وقد أشار التقرير إلى أن "الحوثيين لن يتخلوا عن أسلحتهم أو سلطتهم في صنعاء لحكومة هادي. كما أن النفوذ الإيراني في اليمن لن يتلاشى بين ليلة وضحاها. من جهة أخرى، فإن حكومة هادي والسعودية وحلفاءهما لن يقبلوا ببساطة بوجود حكومة مركزية وجيش يسيطر عليهما الحوثيون. والسلطات المحلية في عدن ومأرب وحضرموت لن تتخلى عن استقلالها المحلي الذي اكتسبته حديثاً لحكومة مركزية اتُّفِق على صلاحياتها دون موافقتها، خصوصاً حكومة يشكل الحوثيون لاعباً رئيسياً فيها. وليس من المرجح أن يسلم طارق صالح أو القوات المتحالفة مع المجلس الانتقالي الجنوبي لسلطة وزارة دفاع أو داخلية موحدة في صنعاء إذا لم يكونوا جزءاً من الاتفاق. وسيرفض المجلس الانتقالي الجنوبي أي صفقة لا يكون جزءاً منها ولا تحتوي نصوصاً واضحة حول كيفية معالجة القضية الجنوبية، والمظالم المرتبطة بوحدة اليمن، ومطلب

العديد من الجنوبيين بالانفصال"[44]. والأخطر من ذلك، أن اليمن بات من الناحية العملية مقسماً إلى مناطق عدة تسيطر عليها كيانات مسلحة مختلفة على نحو ما سبق ذكره. وعلى الرغم من أن أياً من هذه الكيانات لا يمتلك القدرة الكافية على إخضاع الآخرين لإرادته بالقوة، فإن لديها القدرة على تعطيل أي تسوية سياسية لا تحقق على الأقل بعضاً من مطالبها[45].

وفي ظل هذه التعقيدات السياسية والأمنية المرتبطة بالأزمة اليمنية، فإنه من الممكن التوصل إلى تسوية سياسية مرحلية تلبي بعض مطالب أطراف الصراع، بحيث تنطلق من وقف شامل لإطلاق النار، وتقوم على تطبيق سلسلة من الترتيبات السياسية والأمنية والاقتصادية التي توقف حالة التدهور، وتعالج بعض الأولويات المهمة؛ مثل الاحتياجات الأساسية الملحة للسكان، والوضع الاقتصادي المتردي، والحالة الأمنية. وفي مرحلة تالية، يتم إطلاق حوار سياسي للتوصل إلى تسوية نهائية تعالج قضايا كبرى مثل: توحيد مؤسسات الدولة وخاصة المؤسسات العسكرية والأمنية، وشكل الدولة، وطبيعة نظام الحكم، وأسس تقاسم السلطة، ونزع سلاح الفصائل والمجموعات المسلحة، وخطط إعادة الإعمار. ويتطلب التعامل مع مثل هذه المسائل والاستحقاقات المعقدة وجود سلطة مركزية قوية تحظى

---

44. لمزيد من التفاصيل، انظر:

International Crisis Group, , "Rethinking Peace in Yemen," op. cit., p. 26.

45. لمزيد من التفاصيل، انظر:

Gregory D. Johnsen, "Seven Yemens: How Yemen Fractured and Collapsed, and What Comes Next Gregory D. Johnsen," *Issue Paper*, The Arab Gulf States Institute in Washington, No.4, 2021.

بالشرعية، وتكون قادرة على فرض سيطرتها وتنفيذ قراراتها. ولكن نظراً لأن هناك عوامل عدة تحول دون معالجة بعض هذه التحديات بشكل جذري وفعال، فإن أي تسوية متوقعة قد تكون عرضة للانتكاسة. وفي هذا الإطار، يعلق بعضهم آمالاً على المبعوث الأممي الجديد إلى اليمن، هانز جروندبرج، من حيث قدرته على بلورة خطة شاملة للسلام وطرحها، بحيث تشمل الأطراف اليمنية المعنية جميعها، وتغطي مختلف القضايا الجوهرية للصراع، مع العمل من أجل توفير الدعمين الإقليمي والدولي المناسبين لهذه الخطة حتى ترى النور[46].

وثمة عوامل عدة التي يمكن أن تدفع الحوثيين أو تجبرهم على القبول بالانخراط في مفاوضات للتسوية السياسية:

أولها، حدوث تغيير جوهري في موازين المواجهة العسكرية، وذلك في إطار الاستراتيجية الجديدة التي يتبنّاها تحالف دعم الشرعية في اليمن بقيادة المملكة العربية السعودية، التي تقوم على "الاستجابة السريعة لأي عمليات إرهابية تستهدف السعودية، سواء مدنيين أو منشآت حيوية... وتشتيت الجهد الحربي الحوثي واستدراجه نحو مناطق أخرى تشغل الميليشيات عن التفكير في مأرب وحدها... بالإضافة إلى استمرار دعم

---

46. لمزيد من التفاصيل، انظر: مركز الإمارات للسياسات، "الوساطة الأممية في اليمن: التحديات وفرص النجاح"، **قضايا متخصصة**، 2021/10/9. متاح على الرابط التالي:

https://epc.ae/details/featured/alwasata-alumamiya-fi-alyaman-altahadiyat-wfuras-alnajah

د. حمود ناصر القدمي، "الوسيط الفعّال: 14 شرطاً لنجاح المبعوث الأممي الرابع لدى اليمن"، **التحليلات - التغيرات السياسية**، مركز المستقبل للأبحاث والدراسات المتقدمة، 2021/8/29. متاح على الرابط التالي: https://futureuae.com/ar/Mainpage/Item/6551

الجيش الوطني اليمني. وضمن إصلاحات داخل وزارة الدفاع اليمنية، جرى تدريب كتائب تتبع ألوية وجرى تجهيزها بالسلاح الضروري والمطلوب للمعركة"[47]. ومن هنا فإن تدمير البنية التحتية للتصنيع العسكري للحوثيين سيحد من قدرة الجماعة على مواصلة الحرب بالزخم نفسه؛ ما يجبرها على القبول بالتفاوض على تسوية سياسية.

وثانيها، نجاح المفاوضات السعودية - الإيرانية في تحقيق نوع من تطبيع العلاقات بين الدولتين. ففي هذا الإطار، يمكن لإيران أن تمارس تأثيراً في الحوثيين، بحيث يقبلون بوقف إطلاق النار، وينخرطون في المفاوضات السياسية. كما أن التوصل إلى اتفاق بشأن البرنامج النووي الإيراني بين طهران ومجموعة (5+1) يمكن أن يدفع طهران إلى القيام بدور أكثر إيجابية في دعم جهود تحقيق السلام ومساندتها في اليمن، وليس عرقلتها وتعطيلها.

وثالثها، تكثيف الضغوط الدولية على الحوثيين من أجل إنهاء الحرب والقبول بخيار السلام. ويتطلب هذا جهوداً منسقة تنخرط فيها الدول الدائمة العضوية في مجلس الأمن.

ولكن حتى بافتراض هزيمة الحوثيين عسكرياً، وتحرير العاصمة صنعاء من قبضتهم، فإن هذا لا يعني نهاية الصراع في اليمن؛ فالحوثيون سوف

---

47. لمزيد من التفاصيل، انظر: بدر القحطاني، "معركة السلام اليمنية: زخم دولي وتصعيد حوثي... والتحالف «يدوزن» الضغط العسكري"، **جريدة الشرق الأوسط اللندنية**، 2021/12/26.

ينخرطون على الأرجح في حرب عصابات ضد أي حكومة يمنية، ولاسيما أنهم خاضوا من قبل 6 جولات من الحروب ضد نظام الرئيس اليمني السابق علي عبدالله صالح ما بين الأعوام 2004 و2010، وهي المعروفة بـ "حروب صعدة".

كما يمكن أن تتجدد المواجهة بين حكومة الرئيس هادي والمجلس الانتقالي الجنوبي ما لم يتم التوافق بين الجانبين على ترتيبات بشأن مشكلة الجنوب. ومن هنا تأتي أهمية التسوية السياسية الشاملة للأزمة اليمنية، والتي يمكن أن تتم على مراحل. ولا يمكن تحقيق مثل هذه التسوية من دون تنازلات متبادلة يقدمها الفاعلون اليمنيون الرئيسيون، وذلك من منطلق القناعة بأن استخدام القوة واستمرار الحرب لن يحققا لهم أكثر مما حققوه حتى الآن، فضلاً عن وجود تفاهمات إقليمية ودولية تتضمن في جانب منها ممارسة ضغوط جدية على الأطراف اليمنية، وخاصة الحوثيين لوقف الحرب والقبول بخيار السلام.

كما أن أي مفاوضات سلام لكي تكون مثمرة يجب ألا تقتصر على حكومة هادي والحوثيين، بل يجب أن تشمل الأطراف جميعها السياسية والمسلحة الأخرى القادرة على عرقلة أي تسوية ما لم تكن جزءاً منها؛ مثل المجلس الانتقالي الجنوبي، وقوات المقاومة الوطنية، فضلاً عن ممثلين لقوى المجتمع المدني وتنظيماته التي انخرطت في ثورة يناير 2011[48].

---

48. لمزيد من التفاصيل، انظر:

International Crisis Group, "The Case for More Inclusive – and More Effective – Peacemaking in Yemen," *Middle East Report*, No. 221, 18 March 2021.

وفي ضوء ما سبق، فإن السيناريو المرجح لمستقبل اليمن في حالة عدم التوصل إلى تسوية سياسية مستدامة هو تحول الحرب إلى صراع ممتد، بحيث يشهد مراحل صعود وهبوط، وتنخرط فيه قوى وتنظيمات متعددة على جبهات مختلفة. وسوف يرتبط هذا الصراع بخريطة معقدة من الانقسامات الطائفية والقبلية والمناطقية والسياسية، وهي انقسامات تعمقت خلال سنوات الحرب، فضلاً عن التدخلات الخارجية من قِبل قوى إقليمية ودولية.

وفي ظل هذا الوضع سوف يكون من الصعب استعادة وحدة الدولة اليمنية، حيث سيترسخ واقع الانقسام القائم حالياً، ويصبح هو صورة المستقبل بالنسبة إلى اليمن. فالدولة التي ظلت لعقود تُصنف ضمن أفقر دول العالم، وعانت حالة مزمنة من الضعف والهشاشة، تعرضت للتصدع والانهيار خلال سنوات الحرب، حيث باتت منقسمة إلى خمسة كانتونات؛ فالحوثيون يسيطرون على معظم المحافظات الشمالية، فيما تسيطر حكومة الرئيس هادي على مناطق في مأرب والجوف والمهرة وشبوة وأبين وتعز وشمال حضرموت. ويسيطر المجلس الانتقالي الجنوبي على مناطق في عدن ومحيطها، فيما تقع المناطق الواقعة على ساحل البحر الأحمر تحت سيطرة قوات المقاومة الوطنية بصفة رئيسية. وبالإضافة إلى ذلك، فإن هناك سلطات محلية تسيطر على ساحل حضرموت[49].

---

49. لمزيد من التفاصيل، انظر:

International Crisis Group, "Rethinking Peace in Yemen," op. cit., p. i; Noel Brehony, "War in Yemen: No End in Sight as The State Disintegrates," *Asian Affairs*, Vol. 51, Issue 3 (2020), pp. 510–527.

وفي حـال الفشـل في التوصـل إلى تسـوية سياسية شـاملة، فإنـه من المتوقع أن تتشبث كل قوة بمناطق نفوذها وسيطرتها، وبخاصة في ظل عدم قدرة أي منها على حسم الأمر عسكرياً. وفي ضوء ذلك، سـوف يستمر اليمن كدولة متصدعة على غرار النموذج الصومالي بكل ما يترتب على ذلك من تداعيات كارثية.

فالدولـة المتصدعة تمثل بيئـة ملائمـة لاستمرار الفاعلين المسـلحين مـن غيـر الـدول وتمـددهم، بمـا فـي ذلـك التنظيمـات الجهاديـة الإرهابيـة وعصابات الجريمة المنظمة. وإذا كان الشعب اليمني يعاني حالياً أسوأ كارثة إنسانية على مسـتوى العالم باعتراف الأمـم المتحدة، فإن الأوضاع سـوف تصبح أكثر تفاقماً مع استمرار الصراع. وبلغة أخرى، فإنه في ظل غياب التسوية الشاملة "لن تتم إعادة بناء اليمن كدولة واحدة، كما أنه من غير المحتمل أن يعـود إلى التقسيم بين الشمـال والجنوب الذي كان سائداً قبل عام 1990. وبدلاً من ذلك، فمن المرجح أن يكون الواقع أكثر فوضوية مع وجود أمراء الحرب والجماعات المسلحة المتعددة التي تسيطر على أجزاء مختلفة من البلاد. وسيتعين على الولايات المتحدة والجهات الفاعلة الدولية الأخرى التعامل مع اليمن المنهار لمواجهة قضايا مثل مكافحة الإرهاب، وحرية الملاحة عبر البحر الأحمر، والأزمة الإنسانية المتزايدة، التي من المرجح أن تظل هكذا بلا حلٍّ داخل اليمن"[50]. ومـن هنا، يتمثل التحدي الحقيقي

---

50. انظر: Gregory D. Johnsen, op. cit., p. 1.

الذي يواجه جميعها الأطراف المعنية بالأزمة اليمنية في كيفية إنضاج شروط تحقيق تسوية سياسية شاملة ومتطلباتها لتجنب السيناريو الكارثي.

ونظراً لأن وجود دولة يمنية متصدعة على حدود المملكة العربية السعودية يمثل مصدراً لتهديد أمنها واستقرارها، وبخاصة في ظل خبرة السنوات الماضية بشأن قدرة الحوثيين المدعومين من جانب إيران على مواصلة استهداف مرافق ومنشآت مدنية وعسكرية بما في ذلك منشآت نفطية داخل السعودية بالصواريخ الباليستية والطائرات المسيرة المفخخة، فإن من المتوقع أن تواصل المملكة مساعيها السياسية والعسكرية من أجل احتواء التهديد الذي يمثله الحوثيون لأمنها الوطني ومعالجته.

وفي هذا الإطار، تمثل الأزمة اليمنية أحد الموضوعات الرئيسية على أجندة الحوار بين إيران والسعودية، الذي انطلق منذ إبريل 2021. وتتطلع السعودية إلى أن يؤدي التقارب وتخفيف التوتر مع إيران إلى قيام الأخيرة بدور أكثر فاعلية في إنهاء الحرب في اليمن؛ بحكم كونها الداعم الرئيسي للحوثيين عسكرياً وسياسياً وإعلامياً، أو على الأقل لا تقوم بتخريب محاولات التوصل إلى تسوية سياسية. ولكن التحدي الحقيقي هنا هو أن الحوار بين الدولتين قد لا يسفر عن نتائج ملموسة، وخاصة في حال فشل المفاوضات المرتبطة بالملف النووي الإيراني، ووصولها إلى طريق مسدود. كما أن حدود الضغوط التي يمكن أن تمارسها إيران على الحوثيين بشأن قرارات مصيرية تبدو غير واضحة، ولاسيما أن علاقتها بهم تختلف إلى حد ما عن علاقتها بكل من حزب الله اللبناني وفصائل الحشد الشعبي الموالية لها في العراق من حيث مدى التبعية والقدرة على التأثير على نحو ما سبق ذكره.

خاتمة

على الرغم من كثرة الجهود والمحاولات التي بُذلت من أجل وقف الحرب وتحقيق السلام في اليمن، فإنها لم تحقق أي نتائج إيجابية ملموسة حتى الآن. فالحرب تكاد تنهي عامها السابع، وهناك العديد من العوامل، الداخلية والخارجية، التي أسهمت في استمراريتها، وفي مقدمتها تعنُّت الحوثيين ورفضهم جهود تحقيق السلام. ومن منظور مستقبلي، وبافتراض التوصل إلى تفاهمات أو تسويات جزئية، بما في ذلك احتمال التفاهم بين المملكة العربية السعودية والحوثيين بشأن الأولويات الأمنية للمملكة، فإن هذا لا يعني انتهاء الحرب طالما لا توجد تسوية سياسية شاملة، وتكون مقبولة من الأطراف اليمنية الفاعلة والمؤثرة جميعها، وتعالج مختلف قضايا الصراع، وتحظى بدعم إقليمي ودولي مؤثر.

وفي ظل غياب مثل هذه التسوية سوف تترسخ حالة الانقسام أو الصوملة، بحيث يظل اليمن حالة نموذجية للدولة المتصدعة التي تعاني غياب السلطة المركزية، والصراعات الممتدة، والتدخلات الخارجية، وانعدام الأمن والاستقرار والتنمية. وبلغة أخرى سيكون مستقبل اليمن خلال الأجلين القصير والمتوسط، على الأقل، أسوأ من ماضيه الحافل بالانقلابات العسكرية، والحروب الأهلية، والاغتيالات السياسية، واستشراء الفساد والفقر، وهشاشة الدولة.

ونظراً لأن وجود دولة يمنية متصدعة في المنطقة يمثل تهديداً للأمن والاستقرار على الصعيدين الإقليمي والدولي، وبخاصة فيما يتعلق بأمن

الممرات البحرية وإمدادات الطاقة، فإنه من المهم تفعيل الجهود الإقليمية والدولية لإنهاء الحرب وخلق ظروف ملائمة من أجل التوصل إلى تسوية سياسية شاملة تلبي بعض مطالب الأطراف اليمنية الرئيسة المنخرطة في الحرب، وإلا فالبديل هو استمرار حالة الحرب بكل ما يترتب على ذلك من تداعيات سلبية، ليس على الصعيد اليمني فحسب، بل على الصعيدين الإقليمي والدولي أيضاً. فهل من الممكن إنضاج متطلبات تحقيق مثل هذه التسوية وشروطها؟ هذا هو التحدي الحقيقي!

المصادر والمراجع

أولاً: العربية

• كتب

علاء عبدالحميد عبدالكريم، **دور الأمم المتحدة في تسوية الأزمة السورية** (أبوظبي: مركز الإمارات للدراسات والبحوث الاستراتيجية، ط1، 2018).

مجموعة باحثين، **الحوثية في اليمن: الأطماع المذهبية في ظل التحولات الدولية** (صنعاء: مركز الجزيرة العربية للدراسات والبحوث، 2008).

• مقالات ودراسات وتقارير

أحمد عاطف، "مراوغة الحوثي: لماذا تتعثر مفاوضات حل الأزمة اليمنية"، **التحليلات - التغيرات السياسية**، مركز المستقبل للأبحاث والدراسات المتقدمة، 2019/1/6. https://bit.ly/3HSua1I.

د. حمود ناصر القدمي، "الوسيط الفعّال: 14 شرطاً لنجاح المبعوث الأممي الرابع لدى اليمن"، **التحليلات - التغيرات السياسية**، مركز المستقبل للأبحاث والدراسات المتقدمة، 2021/8/29، https://bit.ly/3r5GYuy.

مركز الإمارات للسياسات، "نهج المبعوث الأممي الجديد إلى اليمن وخياراته"، **قضايا متخصصة**، 2021/9/21، https://bit.ly/3f7v7Xt.

مركز الإمارات للسياسات، "اليمن على موعد مع مبعوث أممي جديد: الأسباب والتداعيات على مسار الحل السياسي"، **قضايا متخصصة**، 6 يونيو 2021، https://bit.ly/3zPqzyA.

مركز الإمارات للسياسات، "الوساطة الأممية في اليمن: التحديات وفرص النجاح"، **قضايا متخصصة**، 2021/10/9، https://bit.ly/3rlObqP.

وحدة الاستراتيجيات، "الانتحار المسير.. سلاح الحوثيين الاستراتيجي"، **ملف خاص**، مركز أبعاد للدراسات والبحوث، يناير/كانون الثاني 2019. https://bit.ly/3rOdpux

- **صحف**

"الأمم المتحدة تؤكد ضلوع إيران المباشر في الهجمات ضد السعودية"، **جريدة الشرق الأوسط السعودية**، 30/6/2020. https://bit.ly/3Fdv6vH

"'التحالف' ينفّذ ضربات جوية دقيقة لأهداف عسكرية في صنعاء وصعدة"، **جريدة الشرق الأوسط اللندنية**، 2/12/2021. https://bit.ly/3Fc97Fe

"'التحالف': مطار صنعاء قاعدة عسكرية لخبراء "الحرس الثوري" و'حزب الله' الإرهابي"، **جريدة الشرق الأوسط اللندنية**، 28/11/2021. https://bit.ly/3HTRw73

"'التحالف' ينفّذ ضربات لأهداف عسكرية مشروعة في مطار صنعاء"، **جريدة الشرق الأوسط اللندنية**، 20/12/2021. https://bit.ly/3r6jTI6

التحالف: "'حزب الله' الإرهابي يتحمل مسؤولية استهداف المدنيين في السعودية واليمن"، **جريدة الشرق الأوسط اللندنية**، 26/12/2021. https://bit.ly/3zEgog9

"اليمن في انتظار خطة السلام الأممية"، **جريدة البيان الإماراتية**، 15/12/2021. https://bit.ly/33iCQ22

بدر القحطاني، "معركة السلام اليمنية: زخم دولي وتصعيد حوثي... والتحالف يدوزن الضغط العسكري"، **جريدة الشرق الأوسط اللندنية**، 26/12/2021. https://bit.ly/3HTSikt

عبدالهادي حبتور، "أدلة على "عسكرة" الحوثيين مطار صنعاء"، **جريدة الشرق الأوسط اللندنية**، 23/11/2021. https://bit.ly/3JWyeQ7

عبد الهادي حبتور، "التحالف يستهدف "الحرس" الإيراني في صنعاء"، **جريدة الشرق الأوسط اللندنية**، 2021/12/1. https://bit.ly/3Fd6Qts

علي ربيع، "غريفيث متفائل بنجاح خطته ويدعو لوقف الهجوم الحوثي على مأرب"، **جريدة الشرق الأوسط اللندنية**، 2021/6/1. https://bit.ly/3GfA6RG

معاذ العمري، "أربعة إجراءات حددت نهج بايدن في اليمن خلال مائة يوم"، **جريدة الشرق الأوسط اللندنية**، 2021/4/29. https://bit.ly/31K2vR2

معاذ العمري وعلى بردي، "واشنطن تحمّل الحوثيين المسؤولية الكبرى عن حرب اليمن"، **جريدة الشرق الأوسط اللندنية**، 2021/6/5. https://bit.ly/3FfMYpl

"واشنطن تعلن مصادرة أسلحة إيرانية كانت في طريقها إلى الحوثيين"، **جريدة الشرق الأوسط اللندنية**، 2021/12/8. https://bit.ly/3342fgm

ثانياً: الأجنبية

- *Books*

Helen Lackner, *Yemen in Crisis: Autocracy, Neo-liberalism and the Disintegration of a State* (London: Saqi Books, 2017).

Ofira Seliktar and Farhad Rezaei, *Iran, Revolution, and Proxy Wars* (London: Palgrave Macmillan Press, 2020).

Sarah Phillips, *Yemen's Democracy Experiment in Regional Perspective: Patronage and Pluralized Authoritarianism* (London: Palgrave Macmillan, 2008).

Stephen W. Day and Noel Brehony (eds.), *Global, Regional, and Local Dynamics in the Yemen Crisis* (London: Palgrave Macmillan, 2020).

Trevor Johnston et al., *Could the Houthis Be the Next Hizballah? Iranian Proxy Development in Yemen and the Future of the Houthi Movement* (Santa Monica, Calif.: RAND Corporation, 2020).

- *Articles, Studies and Reports*

Ahmed Nagi, "Lords of War," *DIWAN: Middle East Insights from Carnegie*, Malcolm H. Keer: Carnegie Middle East Center, February 16, 2021. https://bit.ly/3JZ7P44

Afshon Ostovar, "The Grand Strategy of Militant Clients: Iran's Way of War," *Security Studies*, Vol. 28, No.1 (2019). https://bit.ly/3q6HoSd

April Longley Alley," Yemen's Multiple Crises," *Journal of Democracy*, Vol. 12, No. 21 (2010).

Bradley Bowman and Katherine Zimmerman, "Biden Can't Bring Peace to Yemen While Iran Keeps Sending Weapons," *Foreign Policy*, March 4, 2021. https://bit.ly/3t6Gffs.

Cameron Glenn and Garrett Nada, "Iran, Yemen and the Houthis," *The Iran Primer*, United State Institute of Peace, January 11, 2021. https://bit.ly/3naR9wG

Conflict Armament Research, *Iranian Technologies Transfers to Yemen*, March 2017 https://bit.ly/3ndppaO.

Dina Esfandiary & Ariane Tabatabai, "Yemen: An Opportunity for Iran-Saudi Dialogue?" *The Washington Quarterly*, Vol. 39, No. 2 (2016).

Elana Delozier, "Houthis Release Their Wish List for Ending the Yemen War," *Policy Analysis/Policy Alert*, The Washington Institute for near East Policy, April 9, 2020.

Emirates Policy Center, "Biden Administration and Yemen: Orientations and Implications for the Conflict Parties and Political Solution Path," *Brief*, 17 February, 2021.

Fatima Abo Alasrar, "For Yemen's Houthis, the Status Quo Is the Key to Power," *Middle East Institute*, March 25, 2021.

Gregory D. Johnsen, "Foreign Actors in Yemen: The History, the Politics and the Future," *SANA'A Center for Strategic Studies, Main Publications*, January 31, 2021. https://bit.ly/3q9Npxy

Gregory D. Johnsen, "Seven Yemens: How Yemen Fractured and Collapsed, and What Comes Next Gregory D. Johnsen," *Issue Paper*, The Arab Gulf States Institute in Washington, No.4, 2021.

Hassanein Ali, "War without End: Why Are Peace Efforts Faltering in Yemen," *Asian Affairs*, 2021. https://bit.ly/3nakfws

Helen Lackner, "Why Can't the United Nations Bring Peace to Yemen?" *openDemocracy*, 6 January 2018. https://bit.ly/3HQ12bb

Hussein Ibish, "Saudi Arabia's New Dialogue with Iran was Long in the Making," *The Arab Gulf States Institute in Washington*, May 4, 2021.

International Crisis Group, "The Huthis: From Saada to Sanaa," *Middle East Report*, No. 154, June 2014.

International Crisis Group, "Rethinking Peace in Yemen," *Middle East Report*, No. 216, 2 July 2020.

International Crisis Group, "The Case for More Inclusive - and More Effective - Peacemaking in Yemen," *Middle East Report*, No. 221, 18 March 2021.

Jean-Loup C. Samaan, "Missiles, Drones, and the Houthis in Yemen," *Parameters*, Vol. 50. No. 1 (Spring 2020).

Jeremy M. Sharp, "Yemen: Civil War and Regional Intervention," *CRS Report*, R43960, Congressional Research Service, September 2019.

John R. Allen and Bruce Riedel, "Ending the Yemen War Is Both a Strategic and Humanitarian Imperative," *Brookings*, November 16, 2020. https://brook.gs/3zGQbxj; United Nations,

Maher Farrukh, Taylor Nocita and Emily Estelle, "Warning Update: Iran's Hybrid Warfare in Yemen," *Critical Threats*, March 26, 2017. https://bit.ly/3tcx2Cr

Michael Wahid Hanna and Peter Salisbury, "The Shattering of Yemen: Why Ending the War Is More Difficult Than Ever," *Foreign Affairs*, August 19, 2021. https://fam.ag/3zEdBUd

Michael Knights, "The Houthi War Machine: From Guerrilla War to State Capture," *CTC Sentinel*, Vol. 11, No. 8 (September 2018).

Mutahar Alsofari, "The Battle for Ma'rib: Insights and Outlook," *Sada: Middle East Analysis*, Carnegie Endowment for International Peace, May 21, 2021. https://bit.ly/3zDWXnG

Nadwa Al-Dawsari, "Why the "End of the Yemen War" Narrative is Problematic," *Middle East Institute*, February 9, 2021. https://bit.ly/3386ZkW

Nadwa Al-Dawsari, "The Houthis and the Limits of Diplomacy in Yemen," *Middle East Institute*, May 6, 2021. https://bit.ly/3FaHoF8

Navin A. Barat, "Understanding State Sponsorship of Militant Groups," *British Journal of Political Science*, Vol. 42, No.1 (2011).

Noel Brehony, "War in Yemen: No End in Sight as The State Disintegrates," *Asian Affairs*, Vol. 51, Issue 3 (2020).

Ori Goldberg et al., "Iran and the Houthi in Yemen," *IDC Herzliya, International Institute for Counter-Terrorism*, October 2019.

Robert Malley and Stephen Pomper, "Accomplice to Carnage: How America Enables War in Yemen," *Foreign Affairs*, March/April 2021. https://fam.ag/3JWuttZ

Samuel Ramani, "Iran's Post-Conflict Vision in Yemen," *Sada: Middle East Analysis*, December 11, 2019. https://bit.ly/3HNDOSV

Samuel Ramani, "How is Iran Responding to Biden's Policy Shift on Yemen?" *Middle East Institute*, March 9, 2021.

Sana'a Center for Strategic Studies, "Corruption in Yemen's War Economy," *Policy Brief*, No. 9, November 2018.

Seth G. Jones et al., "The Iranian and Houthi War against Saudi Arabia," *CSIS Briefs*, CSIS, December 2021. https://bit.ly/3F9j2eL

Sultan Al-Amer," Biden and the War in Yemen: The Larger Context of the Shifts in the American Position," *Sada: Middle East Analysis*, Carnegie Endowment for International Peace, April 14, 2021.

Thomas Juneau, "Yemen: Prospects for State Failure - Implications and Remedies," *Middle East Policy*, Vol. XVII, No. 3 (Fall 2010).

Tom O'Connor, "Exclusive: Iran Positions 'Suicide Drones' in Yemen As Red Sea Tensions Rise," *Newsweek*, 13/1/2021. https://bit.ly/3HQEVBC

Will Hartley, "Ansar Allah "Airport for Airport" Strategy Underlines Potential for Re-escalation of Yemen Conflict," *JANES*, 21 June 2019. https://bit.ly/3HNrWjY

- *Newspapers*

Adam Taylor, "Why Iran Is Getting the Blame for an Attack on Saudi Arabia Claimed by Yemen's Houthis," *The Washington Post*, September 16, 2019. https://wapo.st/3F9BtQM

James Reinl, "UN 'disappointed' as Houthis Delay Oil Tanker Rescue," *The National*, June 4, 2021. https://bit.ly/3f7xtph

Samir Salama, "Arab, international support for Saudi Arabia's Yemen peace initiative," *Gulf News*, March23, 2021. https://bit.ly/3zDXI00

Thomas Gibbons-Neff, "How Iranian weapons are Ending up in Yemen," *The Washington Post*, November 30, 2016. https://wapo.st/3GbedDd

نبذة عن المؤلف

الدكتور حسنين توفيق إبراهيم علي حاصل على درجتي الماجستير والدكتوراه في العلوم السياسية من كلية الاقتصاد والعلوم السياسية بجامعة القاهرة، ويعمل حالياً أستاذاً للعلوم السياسية بجامعة زايد (دولة الإمارات العربية المتحدة). متخصص في النظم السياسية، مع التركيز على النظم السياسية العربية، تغطي اهتماماته البحثية قضايا التحول الديمقراطي والمجتمع المدني والاقتصاد السياسي والإسلام السياسي والعنف والإرهاب في العالم العربي، كما يولي اهتماماً خاصاً بالدراسات والشؤون الخليجية.

قام بتأليف وتحرير ونشر العشرات من الكتب والدراسات والبحوث المحكَّمة باللغتين العربية والإنجليزية، كما يشارك بانتظام في المؤتمرات الدولية المتخصصة، وبخاصة مؤتمرات الجمعية الدولية للعلوم السياسية، ويشارك كذلك في مناقشة رسائل الماجستير والدكتوراه، وتحكيم بحوث المتقدمين للترقية إلى درجتي الأستاذ والأستاذ المساعد في عدد من الجامعات العربية، وبالإضافة إلى ذلك، فهو يشارك بصفة منتظمة في تقييم وتحكيم البحوث ومخطوطات الكتب المقدمة للنشر في عدد من مراكز البحوث والدوريات العربية والأجنبية.

حصل خلال مسيرته المهنية على عدة جوائز، منها: الجائزة الأولى في مسابقة الدكتورة سعاد الصباح للإبداع الفكري بين الشباب العربي في مجال العلوم الإنسانية لعام 1992، وجائزة الدولة التشجيعية في مصر في مجال الدراسات السياسية والاقتصادية والقانونية لعام 2006/2007، والجائزة العربية للعلوم الاجتماعية والإنسانية لتشجيع البحث العلمي لعام 2011/2012، كما حصل على جائزة جامعة زايد للتميز الأكاديمي عدة مرات.

تريندز للبحوث والاستشارات
TRENDS RESEARCH & ADVISORY

لماذا يرفض الحوثيون السلام؟

د. حسنين توفيق إبراهيم